Anita Röper

Karl Rahner als Seelsorger

Anita Röper

Karl Rahner als Seelsorger

Tyrolia-Verlag · Innsbruck-Wien

Mitglied der Verlagsgruppe „engagement“

CIP-Kurztitelaufnahme der Deutschen Bibliothek

Röper, Anita
Karl Rahner als Seelsorger / Anita Röper. –
Innsbruck ; Wien : Tyrolia-Verlag, 1987.
ISBN 3-7022-1616-2

1987

Gesamtherstellung in der Verlagsanstalt Tyrolia
Gesellschaft m. b. H., Innsbruck

Inhaltsverzeichnis

VORWORT

Theologie ist eine Wissenschaft. Der Theologe Karl Rahner war Wissenschaftler. Er war aber auch – wollte es ausdrücklich sein – ein Seelsorger. Obwohl ständig unter Zeitdruck stehend, nahm der sich für jeden, der zu ihm kam und ihn um Rat oder Hilfe bat, Zeit.

Als Seelsorger habe ich ihn in den mehr als drei Jahrzehnten unserer Freundschaft erfahren. Die Situation, in der ich mich befand, als wir uns kennenlernten, hatte den Seelsorger in ihm angesprochen. Es war die Situation einer „Familiendiaspora", die dunkle und verworrene und bittere Fragen aufwarf und die tief in die eigene Familie hineinreichte.

Auf Rahners Anregung habe ich die Gespräche, die wir miteinander führten, und vieles auch aus unserem sehr umfangreichen Briefwechsel (an dessen Stelle in den späteren Jahren regelmäßige Telefonate traten) inhaltlich aufgezeichnet. Das geschah zunächst in „Es ist Licht genug", danach auch in meinen nachfolgenden Schriften, zu denen Rahner jeweils einen eigenen Beitrag lieferte. So in „Die Vierzehn Stationen im Leben des N. N.", in „Stationen, Jesus geht den Weg des Menschen", in „Wege und Auswege". Das Buch „Die anonymen Christen" war unter seiner Leitung entstanden. Die kleine Schrift aus der Reihe „Entscheidung": „Sind Heiden Christen?" erhielt eine Einführung von ihm. In unserem Gespräch „Objektive und subjektive Moral" nahm Rahner zu moraltheologischen Fragen Stellung. In „Ist Gott ein Mann?" erörterten wir gemeinsam die Römische Erklärung zur Frage der Zulassung der Frauen zum Priesteramt vom 15. 10. 1976. In einer Reihe von Aufsätzen habe ich die mir durch die Gespräche mit Rahner und seine Briefe (aus denen ich mal kürzer, mal länger zitiere) sowie durch seine Schriften vermittelten Erkenntnisse wiedergegeben. In ihnen kommen Rahners theologische und pastorale Überlegungen zur Sprache gemäß seinem Leitwort: Hoffnung für alle.

ANONYMES CHRISTENTUM

„Bis in die jüngste Zeit hinein hat Karl Rahner die Thematik des anonymen Christentums in seinen Schriften aufgenommen und entfaltet." Wohl kaum eine andere Fragestellung – so Karl-Heinz Weger in: Wagnis Theologie – ist so vorherrschend im Denken Rahners. Grund genug, diesem Thema einen breiteren Raum zu geben, zumal gerade die These vom anonymen Christentum Rahner in besonderer Weise als Seelsorger ausweist.
Der Verlauf unserer Gespräche hatte dazu geführt, daß Rahner mir nahelegte, das Thema „Anonymes Christentum" zu bearbeiten. „Die Sache selbst ist wichtig. Darüber sind wir einig. Und ich weiß, daß Sie damit eine gräßliche Schinderei auf sich nehmen, und ich vertraue darauf, daß Sie mir nicht übelnehmen, daß ich sie Ihnen zumute." (5. 11. 1961) – Rom hatte Rahner unter Schreibverbot gestellt, sodaß er Bearbeitung und Herausgabe nicht selbst vornehmen, nicht einmal ein Vorwort zu „Die anonymen Christen" schreiben konnte.

Vom Dilemma des Glaubens

Zweitausend Jahre sind fast vergangen seit jenem Auftrag Christi: Geht und lehret alle Völker! Doch wie hat sich dieser Auftrag erfüllt? Das Christentum ist ein kleiner Sektor innerhalb der Menschheitsgeschichte geblieben. Nur in die Kultur des eigenen Ursprungs ist es ihm gelungen hineinzuwachsen, in keine Hochkultur. Nicht in die chinesische, nicht in die japanische, nur mit der griechisch-römischen ist es eine Symbiose eingegangen. Und der Westen? Die nichtchristlichen Religionen haben sich ausgebreitet. Geht und lehret alle Völker? Die Völker kommen zu uns, lehren uns, errichten Tempel und Moscheen „Haus an Haus" mit christlichen Kirchen.
Und im „abendländisch-christlichen" Bereich? Der „Andersgläubige" ist dem Christen gegenwärtig, gehört seiner Welt an, ist ihm Freund, Verwandter, Bekannter.

Was aber denkt der Christ, wenn er feststellt, daß es Menschen gibt, die sich nicht wie er als Christen empfinden? Wie verhält es sich mit dem Nicht-Christen, mit dem, der nicht glaubt? Eine Frage, die sich heute dringlicher denn je stellt und die zum Glauben selbst gehört, ist es doch der Glaube, der sagt: Gott will, daß jeder gerettet wird, an jeden die Botschaft des Heils ergeht und daß jeder diese Botschaft hört. Denn so sagt der Glaube, der Heilswille Gottes ist ein *allgemeiner,* der mithin *allen* Menschen die echte Chance einer sie rettenden Gottesbeziehung gibt; als christliche Beziehung, es gibt kein Heil anders denn in und durch Christus.
Damit aber gerät der Glaube vor ein schier unlösliches Dilemma: Einerseits gibt es die unübersehbare Zahl von Nichtchristen und Nichtglaubenden, die als solche nicht gerettet werden können, anderseits besteht ein allgemeiner Heilswille Gottes; allerdings ein Dilemma, das es nicht erst heute gibt. Denn immer schon gab es solche, die die christliche Botschaft schon rein technisch nicht erreicht, solche auch, die sie ablehnen, ohne daß man dies als schuldhaft hätte erklären dürfen. Freilich sei dennoch anzunehmen, so hat man früher das Dilemma zu lösen versucht, daß die, die nicht ausdrücklich Christen werden und im Laufe der christlichen Geschichte nicht geworden sind, es letztlich an ihrem guten Willen haben fehlen lassen, so daß der allgemeine Heilswille Gottes durchaus koexistent sein könne mit einer der christlichen Botschaft sich verschließenden Menschheit.
Wie aber kann eine solche Vorstellung mit der Glaubenslehre vom *allgemeinen* Heilswillen Gottes und der gleichzeitigen Notwendigkeit des Glaubens übereinstimmen? Darauf gibt es nur die Antwort: Es wird oder kann zumindest dem allgemeinen Heilswillen Gottes, als die *allen* Menschen angebotene wirksame Gnade des Heils, auch dort in einem Ja des Glaubens entsprochen werden, wo für unsere Erfahrung jegliches Glauben ausgeschlossen scheint. Das gilt sowohl für die Erfahrung, die man an anderen macht, wie auch für die Erfahrung, die einen selbst betrifft, insofern man sich als ‚ungläubig' erfährt, als unfähig, den christlichen Glauben nachzuvoll-

ziehen. Das kann aber nur eine scheinbare Unfähigkeit sein, weil eine Erfahrung, die man mißverstanden hat. Das sei unmöglich? Es wird heute keineswegs für unmöglich gehalten, daß jemand, und zwar gegen seine ausdrückliche Erfahrung, gar nicht ist, für was er sich hält, weil er sich falsch deutet, von Dingen überzeugt ist, die er sich nicht eingesteht, von Antrieben bewegt ist, die er nicht wahrhat. Unter dieser heute selbstverständlichen Voraussetzung ist es dann nicht mehr von vornherein unmöglich, daß sich jemand als Atheisten erfährt, in Wirklichkeit jedoch ein Glaubender ist.

Ist, was mit Christentum gemeint ist, nur bei einer kleinen Schar zu finden? Oder aber hat vielleicht diese als unchristlich deklarierte Welt zumindest ein Stück christlichen Glaubensinhaltes – und zwar ein sehr wesentliches – durchaus akzeptiert und es sich auch nach außen hin zu eigen gemacht? Insofern nämlich zu diesem Inhalt Liebe zum anderen gehört, Anerkennung des anderen, Sorge für ihn? Freilich wird solche Wertschätzung des anderen nicht überall und in allen Praktiken befolgt. Immerhin ist sie als Theorie zu einer allgemein angenommenen Wahrheit geworden; und nicht nur als Theorie. Wer hätte in den vergangenen Jahrhunderten zum Beispiel von „Gleichberechtigung" gesprochen, von „Entwicklungshilfe"? Gewiß läßt sich hier einwenden, diese Ideen würden zwar für richtig befunden, aber doch einfach als etwas Natürlich-Rationales. Aber wäre es auch so, woher kommen denn dem Menschen diese Ideen? „Produziert" er sie auf eigene Faust und Verantwortung? Ebenso wie den Satz: Alle Menschen sind vor dem Gesetz gleich? Und klingt auch den meisten dieser Satz als völlig profan, so hat er doch seinen Ursprung in dem Satz: Alle Menschen sind vor Gott gleich. Müßte man darum nicht sagen, daß die Wahrheit von der Gleichheit aller Menschen, das Gebot der allgemeinen Menschenliebe – bei aller Profanierung und Säkularisierung – der heute wirksam gewordene Flugsame sei, der einst aus der Kapsel des Christentums davonflog und sich überall auf der Welt, in alle Furchen gleichsam, eingesenkt habe? Eingesenkt auch in die Tiefe des persönlichen Gewissens des einzelnen?

Denn woher sollte es sonst kommen, daß der Mensch sich mit sich selbst abfindet, nicht verzweifelt, auch nicht an dieser Welt verzweifelt, an deren anscheinend sinnlosen Geschichte, sondern, indem er daran mitwirkt, sie bejaht. Man kann aber doch nicht Sinnlosigkeit als solche bejahen!
Findet man sich also letztlich mit sich, mit dem anderen, mit der Welt ab, dann doch nur deshalb, weil man gleichzeitig die Erfahrung von etwas ganz anderem als dem macht, was man so unmittelbar erfährt, und was eben nicht sinnlos ist. Und diese Erfahrung, die man zumindest in kleinem Maße macht, aber ausreichend, um durchzuhalten, sie bedeutet das, was in nicht überbietbarem Maß ausgesagt wird in Jesus Christus als der Synthese von Sinnlosigkeit und Sinnhaftigkeit, weil der Einheit von endlich und unendlich, von Mensch und Gott. Diese Erfahrung ist die, die sich in der Lehre des Christentums objektiv ausspricht. Ob sie als christlich gedeutet wird oder nicht, darauf kommt es im letzten nicht an. Sie wird gemacht, wenn auch nur „anonym". Denn mit anonymem Christentum ist jenes Christentum gemeint, das um sich selbst nicht weiß, das sich nicht *als* Christentum versteht. Dieses anonyme Christentum wird vom ausdrücklich verstandenen vielleicht auch nicht immer gewußt und richtig verstanden, vor allem darum nicht, weil es außerhalb dieses ausdrücklichen, offiziellen, amtlichen Christentums steht, so daß es sogar vorkommt, daß beide einander bekämpfen. Es ist ja die Bestimmung des Christentums, immer umkämpft zu sein, nie die allgemein akzeptierte, im *ausdrücklichen* Sinn akzeptierte Religion des Menschen zu sein und trotzdem über die ganze Welt sich auszubreiten. Ist aber beides wahr, dann ist es nicht anders zu erwarten, daß wir auch außerhalb des ausdrücklichen Christentums Christliches finden, ob nun als das anonyme Christentum des einzelnen oder als das schon rein religionsgeschichtlich seltsame Phänomen eines kollektiven anonymen Christentums ganzer Völker.
Für den Menschen von heute kommt noch etwas Erschwerendes hinzu. Er, der in der einen Welt die verschiedenen Religionen in seinem Lebensraum erfährt, ein fast tödliches Empfin-

den hat für die Relativität, die Perspektivität, die Geschichtlichkeit aller Erkenntnisse und aller religiösen Überzeugung, er sieht darin fast ein Ärgernis, daß das Christentum auf einem Absolutheitsanspruch besteht; erfährt und erlebt er doch, daß der sogenannte Heide keineswegs niederer Kultur oder minderer Qualität zu sein braucht als der Christ. Und sagt er sich auch, daß der Absolutheitsanspruch zum Wesen der Religion gehört, daß ein religiöser Relativismus das Ende aller Religion bedeuten würde, wird er das Empfinden einer Anmaßung nicht los.

Dabei ist das Christentum noch um vieles „anmaßender"! Das Christentum erklärt, daß es den Menschen besser verstehe, als dieser selbst es könne, daß die innerlich angebotene Heilschance und das Heilschaffende das un-verstandene Christliche in ihm sei und nicht das, was er selbst als das Entscheidende in seinem Leben ansehe. Es ist natürlich eine andere Frage, wie der Mensch sich zu diesem seinem Wesen verhält. Wenden wir uns bei dieser Frage an den „anonymen" Christen selbst, so nicht in der Meinung, was in ihm, in der Tiefe seines Wesens gegeben sei, lasse sich in einer Art sublimer Psychoanalyse gleichsam „herausentwickeln" und solle hier „nachgewiesen" werden. Das kann man natürlich nicht. Man kann nur versuchen, ihm Erfahrungen, die er gemacht hat – erkenntnismäßig und existentiell –, als christliche Erfahrung deutlich zu machen; und zwar von Erfahrungen her, die andere gemacht haben, die die Menschheit als ganze gemacht hat.

Doch zunächst wendet sich das Gesagte an den, der ausdrücklich um sein Christentum weiß. An den, der – angesichts der unübersehbaren Zahl von Nichtchristen und Nichtglaubenden – bekümmert gleichsam vor dem dargelegten Dilemma des Glaubens steht, für das er keine Lösung sieht. Er soll die Gleichheit begreifen, die zwischen ausdrücklichem und anonymem Christentum besteht. Begreift er sie, dann kann er – zum eigenen Trost und andere tröstend – sagen: Jene, getauft oder nicht, „militanter Atheist" oder Atheist in alltäglicher Selbstverständlichkeit, erfahren ihr Dasein trotzdem als das, was ich als das Christentum erfahre. Und dies – aufgrund des allgemeinen Heilswillens Gottes – zu ihrer, wenn auch nicht gesicherten, so doch möglichen Erlangung des Heils.

Das Wissen von Gott

Für den im üblichen Sinn verstandenen Katechismus weiß der etwas über Gott, der ausdrücklich, satzhaft, thematisch solches Wissen hat. Hat er dieses nicht, so stellt man es sich vielfach vor, wisse der Betreffende nichts von Gott. Diese Vorstellung übersieht, daß es zwei Arten von Wissen gibt: ein Wissen, das der Mensch gegenüber Dingen hat, die von außen an ihn herangetragen werden, die sich ihm von sich aus zeigen oder die man ihm mitteilt; zweitens ein Wissen, das der Mensch von innen her erfährt. Er hat einfach solches Wissen. Und zwar immer schon, und alle Rede darüber ist lediglich ein nachträgliches Sprechen über etwas, was er zwar nicht in Worte bringen kann – wie etwa die Unterscheidung von Angst und Furcht, obwohl er beide erfahren hat –, aber trotzdem immer schon gewußt hat.

In diesem Sinne behaupten wir nun, daß es ein unausdrückliches, subjektives, unthematisches Wissen über Gott gebe. Dabei ist natürlich klar, daß sich Angst oder Furcht oder Freude als solch unausdrückliches Wissen eher akzeptieren lassen als ausgerechnet ein Wissen von Gott. Heißt es aber nun: Im *Grunde* weißt du „Gott“, er, der doch gerade das Unbekannte schlechthin ist, das sich unmittelbar nicht erfahren läßt, dann, so möchte man meinen, sei das doch höchstens ein Wissen, das sich nur in der Weise metaphysischer Überlegungen und Deduktionen erbringen läßt.

Nun dürfen aber diese zwei Arten von Wissen nicht dahin mißverstanden werden, als könne die eine durch die andere ersetzt und überflüssig gemacht werden. Zum vollen, echt menschlichen Wissen gehören das reflexe und das unreflexe Wissen, die ursprüngliche, unthematische Erfahrung und die Reflexion auf diese. Erst wenn hinter dem ausdrücklichen System von Aussagen, die wir über Gott bilden („Gottesbeweise" genannt), also hinter diesem thematischen, logisch deduzierten reflexen Wissen das von innen her kommende unausdrückliche, unreflexe Wissen steht, kommt es zu einem vollen Wissen. Es ist in diesem Fall sogar so, daß das ausdrückliche Wissen für sich allein gar kein eigentliches Wissen bedeutet, sondern das unreflexe Wissen überhaupt erst die Bedingung der Möglichkeit solch eines ausdrücklichen Wissens ist, für dieses notwendig Voraussetzung und Hintergrund sein muß.

Das Gesagte läßt sich natürlich nicht unmittelbar beweisen. Es soll damit nur auf dieses hintergründige Wissen aufmerksam machen in der Hoffnung, daß die metaphysische Begabung gegeben ist, um zu begreifen, daß es dieses unthematische Eigentlich-immer-schon-Wissen tatsächlich gibt, obwohl man über das Gewußte nicht nachdenkt und es nicht wie einen Gegenstand auf den Vordergrund des Bewußtseins zerren kann.

Vom Gott-Geheimnis

Ganz allgemein nennen wir „Geheimnis" etwas, das uns nur schwer zugänglich ist. Handelt es sich dabei um ein religiöses Geheimnis, dann sprechen wir von „Mysterium".

Was mit Mysterium gemeint ist, versteht nur, wer es als ein *bleibendes* Geheimnis versteht, das wir auch dann nicht durchschauten, wären wir an Vernunft und Einsicht weniger eng und begrenzt. Wohl kann sich der Mensch im Hier und Jetzt über das Geheimnis ein „Bild" nach dem eigenen Maßstab machen, er kann nicht wahrhaben wollen, was er als das Unbegreifliche in seinem Dasein erfährt. Dies aber kann er nicht: Er kann nicht aus dem Bereich des Geheimnisses heraus. Denn in allem und jedem ist es ihm gegenwärtig, waltet über seinem Dasein, so daß er mit ihm gewissermaßen zusammenlebt. Darum lautet die Frage nicht, erfährt er das Geheimnis, sondern *wie* erfährt er es.

Aus einer gewissen existentiellen Not, die ihm die religiöse Frage bedeutet, verlegt der Mensch heute Erfahrungen, die er in dieser Richtung macht, gern in eine Region, wo er sie vom „Intellekt“ nicht mehr bedroht glaubt, ist er doch der Meinung, das Erfahrene sei Gegenstand eines gänzlich „irrationalen“ Erfahrungsbereiches. Aber so ist es gerade nicht. Das Geheimnis fordert den ganzen Menschen an, so daß Erfahrungen, die vom Anruf des Geheimnisses herkommen, alles im Menschen aktualisieren.

Anderseits darf man Erfahrungen, um die es hier geht, nicht „feststellen“ wollen. Das „Ganze“, das in ihm ist, kann man nicht eigentlich vorzeigen, es nicht *neben* etwas anderes stellen und in Abhebung von diesem verdeutlichen. Es handelt sich immer um „transzendentale“ Erfahrungen, etwa solche, die es wenigstens ansatzweise in der Angst, Freude, Trauer, Sehnsucht, Hoffnung gibt, die sich nicht auf ein bestimmtes „Etwas“ beziehen, sondern gewissermaßen auf „alles und nichts“, die durch nichts begrenzt erfahren werden. Solche Erfahrungen reflektieren auch nicht über sich. Die ausgesagte, beredete Angst ist nicht mehr jenes Fallen in die unauslotbare Bodenlosigkeit des Daseins, sondern vielleicht nur billiges Geschwätz, das wichtig tut. *In* der ursprünglichen Erfahrung aber ist der Mensch aufgetan für das Eigentliche, und alles nachträgliche, ausdrückliche Darübernachdenken bekommt dieses immer erst hinterher und nur sekundär „in den Griff“, obwohl es doch allem Darübernachdenken als sein Grund vorausliegt. Wer über Transzendenzerfahrung nachdenkt, kommt damit nicht das erste Mal in Berührung, denn die Erfahrung ist immer schon gemacht, denn sonst könnte er gar nicht darüber nachdenken.

Nun haben wir von der Erfahrung des Geheimnisses gesagt, sie fordere den ganzen Menschen an, aktualisiere alles in ihm. Ist sie somit eine totalmenschliche Erfahrung, dann, so sollte man meinen, sei sie nicht leicht zu übersehen. Und doch ist es so. Gerade weil sie auf dem Grund alltäglichster Erfahrung gegeben ist, ist sie umso übersehbarer. Darum bedarf es der ganzen Willigkeit des Menschen, einer wirklichen Übung, sich dieser Erfahrung zu stellen, sie „ankommen“ zu lassen, nicht zum „Handfesteren“, jederzeit Vorzeigbaren davonzu-

laufen. Erst wenn man diese Erfahrung vorläßt, kommt man in die eigentliche eine Wahrheit des Daseins, ohne sich in die Vielzahl von einzelnen Wahrheiten zu verlieren.
Dabei ist es nicht so, daß jedem „einleuchten" muß, was wahr ist. Wahrheit hat nicht schon erfahren, wer erfährt, was alle erfahren und von ihnen ausdrücklich zugegeben wird; wie umgekehrt etwas nicht schon unwahr sein muß, weil es die zugegebene und angenommene Wahrheit nur von wenigen ist. So zeigt sich eigentlich jede philosophische Frage als eine sittliche Frage, weil eine Frage nach dem Ernst, nach der Geduld. Von daher erfährt jeder als seine Wahrheit nur das, was seiner Anstrengung, seinem existentiellen Einsatz entspricht. Und so möchte man auf die Frage, *wie* der Mensch das Geheimnis erfährt, sagen, wie es für ihn paßt: Dem Weisen ist die Wirklichkeit voller Geheimnis. Der Dummkopf erfährt sie zwar auch als etwas, was über sein Begreifen geht, aber für ihn ist das Unbegreifbare, von dem er meint, irgendwann müsse irgendwer doch noch „dahinter" kommen, weit weg. Ihm ist es jenes: „Was man nicht weiß, macht einen nicht heiß." Dagegen der Weise: Es *macht* ihn heiß. Denn immer und überall ist es ihm gegenwärtig, umgibt ihn von allen Seiten, dringt durch alle „Ritzen" seines Daseins. Für ihn ist das Geheimnis nicht weit weg, nicht das, was außerhalb seines Bewußtseins steht, sondern das Gegebene, gegeben aber *als* Geheimnis. Als Gott-Geheimnis, das sich als solches dem Menschen in absoluter Nähe als Gnade schenkt.
Nun ist eine Bestimmung des Geheimnisses zu nennen, die zwar vom Menschen her gebildet, also nur „analog" ist, die aber von höchster Bedeutung für das gemäße Verhalten des Menschen gegenüber dem Gott-Geheimnis ist. Das Geheimnis, das wir Gott nennen, ist: „Person". Macht also der Mensch die Erfahrung Gottes, so ist es die Erfahrung Gottes als des personalen, als des ER, nicht des unpersönlichen ES. Tatsächlich ist Gott nur als Person denkbar. Denn „Person" heißt: Selbstbewußtsein, Selbstvollzug, Freiheit, Entscheidung. Gelten aber diese Eigentümlichkeiten des Personhaften auch vom Menschen (insofern er „Geist" ist und diese Eigen-

tümlichkeiten ihn vom Untergeistigen unterscheiden), wie darf man sie dann nicht „Gott" zusprechen? Und zwar absolut, in einer für uns nicht mehr vorstellbaren Weise.

Somit steht der Mensch, wenn er im Bereich des Geheimnisses steht, vor der Person Gottes und damit vor der Freiheit Gottes. Freiheit, das heißt, er kann von sich aus nicht darüber bestimmen, wie Gott sich ihm gegenüber zu verhalten habe. Wohl kann er gewisse Möglichkeiten erwägen, wobei aber immer offenbleibt, ob eine bestimmte Verhaltensweise bei Gott in Anbetracht seiner Unbegreiflichkeit auch real und konkret möglich sei.

Immerhin läßt sich vielleicht sagen, Gott ist uns nah oder er ist uns fern. Und zwar ohne daß Nähe oder Ferne schon als Liebe oder Haß, Freundschaft oder Feindschaft ausgelegt werden dürften. Es gibt auch Liebe, die für die Erfahrung des anderen – weil mit einem absoluteren Maßstab gemessen – als das distanzierende Wohlwollen des *herr*lichen Schöpfers abweisende Ferne bleibt. Vielleicht, weil Liebe im Schweigen gesagt wird, vielleicht mißdeutet wird, vielleicht weil der Mensch damit nichts anzufangen weiß, durch die ganz widersprüchliche Erfahrung vernichtender Unbegreiflichkeit, die Erfahrung des „Totseins" Gottes.

Wie auch immer, eine bestimmte Erfahrung mit dem Geheimnis darf nicht zur Norm der Gott allein angemessenen Erfahrung gemacht werden. Etwa daß man meint, die Erfahrung der Nähe Gottes lasse Gott nicht Gott sein. Wer von vornherein für kindisch anmaßend, für sinnlos erklärt, Gott in vertrauender Weise ein DU zu sagen, seine liebende Nähe zu suchen – hätte der die Personhaftigkeit Gottes wirklich ernst genommen? *Muß* jeder die Erfahrung liebender Nähe Gottes machen, damit sie gültig ist? Schließlich setzt alles Erfahren eine gewisse „Begabung" voraus, warum ja auch die Menschen nicht dasselbe und nicht gleich viel und intensiv erfahren. Nicht jeder erfährt Musik. Macht er diese Erfahrung nicht, wird er sie doch vernünftigerweise dem, der sie macht, nicht absprechen. Das hieße eine Nicht-Erfahrung der Erfahrung gleichwertig machen, was aber nicht möglich ist.

Wer hier skeptisch ist, den kann man nur fragen, ob denn das Nicht-Gesehen-haben mehr wiege als das Gesehen-haben? Zur Skepsis ist im übrigen jeder fähig. Aber nicht jeder bringt es fertig, in die Finsternis hineinzusprechen (auch die Nähe bleibt Finsternis) und von sich als dem zu denken, der begnadbar sein könnte. Wieviel leichter scheint es dagegen, von sich gering zu denken, als unbedeutend, als ein Nichts! Und nicht nur leichter, auch „beruhigender". Beruhigender jedenfalls, als an die Möglichkeit einer Nähe Gottes zu glauben. Schließt man solche Möglichkeit nämlich aus, läßt man Gott das sehr ferne Geheimnis sein oder gar das Geheimnis jenseits aller Erfahrbarkeit, dann bleibt es damit auch jenseits der Möglichkeit, den Menschen irgendwie „in Anspruch zu nehmen": Gott wird unwichtig, harmlos. Die eigentlichen Händel und Gefahren metaphysischer Dimensionen betreffen den Menschen nicht mehr, sie gehen über seinen Kopf hinweg. Gott wird „hoch" und immer höher, bis er schließlich nur noch sehr „ungefähr" und damit ungefährlich wird. Dann ist es soweit, daß Unendlichkeit nicht mehr ausgehalten werden muß – höchstens berauscht man sich daran –, daß die tödliche Unheimlichkeit gewichen, das Geheimnis nicht mehr geheimnisvoll ist. Man selbst aber flieht in die Endlichkeit als das Asyl, wo „das Geheimnis" einem nichts mehr anhaben kann. Die Erfahrung des Geheimnisses läßt sich dem Menschen nicht an-reden, nicht „andozieren". Aber man könnte sie ihm erfahrbar machen: in seiner Freiheit, deren vertrauendem Wagen ins Unbegreifliche hinein, in seiner Angst, Freude. In Erfahrungen, die er in ihrer „Geheimnishaftigkeit" vielleicht reflex nicht wahrgenommen hat; die ihm vielleicht verlorengingen, weil er sie nicht ernsthaft genug realisiert hat; die ihn vielleicht auch erbitterten, weil das Geheimnishafte ihm zu nahe gekommen ist; die man ihm vielleicht auch von Erfahrungen her interpretieren könnte, die man selber macht. Schließlich hieße es doch ein Stück seines Daseins leugnen, wollte man nicht vom anderen lernen, durch ihn sehen lernen, was man vielleicht selber übersieht. Als der einzelne bleibt der Mensch ja immer auf den anderen verwiesen und angewiesen, auf die Menschheit als ganze, die nur als ganze verwirklichen kann, was dem einzelnen nur als die nie ganz eingeholte Möglichkeit auf dem Grunde seiner Möglichkeiten gegeben ist: nie ganz eingeholt, immer nur dosiert gegeben, während es doch der Menschheit als ganzer unendlich intensiver, geballter, auch suggestiver gegeben ist.

Blicken wir auf die Erfahrung der Menschheitsgeschichte, der religiösen Geistesgeschichte, dann sehen wir darin bezeugt: Der Mensch macht die Erfahrung der Unbegreiflichkeit, die nicht nur in Furcht versetzt und ängstigt, sondern die auch als den Menschen liebend und ihn annehmend erfahren wird. Ob man diese Erfahrung „Mystik“ nennt oder „Andacht“ oder Begegnung mit dem Heiligen, ob man darin vom Numinosen spricht, vom ganz anderen, ob von der „Nacht“, vom „Licht“, es ändert nichts an der inneren Gleichheit dieses religiösen Phänomens, das auch dann immer gleich bleibt, wenn die einzelnen Religionen sich in seiner Wiedergabe der verschiedensten metaphysischen und theoretischen Ausdeutungen bedienen. Und widersprächen sich die Übersetzungen auch (meist ist es nur der Schein), und wären die Formulierungen auch noch so bizarr, was dahintersteht und sich darin bezeugt, ist doch immer: die Erfahrung *des* Geheimnisses.

Glaube im Vollzug des Daseins

Es soll hier nur ein Grundelement, eine der Wurzeln des Glaubens deutlich gemacht werden. Und zwar jene Wurzel, die einerseits im Vollzug des Daseins gegeben ist oder sein kann und die anderseits in der konkreten Ordnung des Heils durch die erhebende Gnade Gottes doch mehr sein kann als ein bloßes Grundelement dieses Glaubens, nämlich dieser ganze Glaube selbst.

Diese Wurzel ist das Urvertrauen in den Sinn des Daseins, das wir auch „Glaube“ nennen dürfen, insofern man diesen Glauben nicht eigentlich „hat“, sondern indem er „geschieht“; und zwar auf der Basis des Vertrauens, in der Bereitschaft hinzuhören, dabei Gott die Möglichkeit gebend, einem nahezukommen, der zu sein, der Antwort gibt, während man selbst auf solche Antwort aus ist, erkenntnismäßig und existentiell. Denn wenn Glaube nicht nur dem Intellekt zugeordnet ist, sondern als religiöser Akt den ganzen Menschen anruft, alle Dimensionen des Daseins betrifft, dann betrifft er das Dasein als solches. Glaube ist somit immer dort, wo man sein Dasein so lebt, daß man es annimmt, es gutheißt. Und dies nicht etwa „blind", sondern auf dem Grunde eben jenes Urvertrauens, in dem man an die Sinnhaftigkeit des Daseins glaubt und so von vornherein annimmt, was es unübersehbar, unverfügbar bringt. Zu dem man ein offen bereites Verhältnis hat wie jemand etwa, der zur Dunkelheit eines Zimmers ein Verhältnis hat: obwohl dunkel, obwohl er faktisch nichts sieht, „sieht" er trotzdem, daß das Zimmer nicht leer ist. Die Dunkelheit ist ihm also nicht einfach Finsternis, nicht das Negative, das nichts hergibt, sie gibt etwas her, aber nur dem, der bereit ist, sich auf das einzulassen, was sie birgt.

Ähnlich gibt auch die Unübersehbarkeit des Daseins nur dem etwas, der sich auf das einläßt, was sie verhüllt. Und sie gibt es in der Erwartung, daß das Verhüllte als solches angenommen wird. Ähnlich wie bei Menschen, die einander gut sind, die auch erwarten, daß der andere „annimmt", ohne eigentlich zu verstehen, was er annimmt. Daß sie zwar sich gegenseitig zu verstehen bemüht sind, aber doch wissen, daß sie *im letzten* einander nicht verstehen. So auch bei der Unübersehbarkeit des Daseins: Man ist schon von vornherein sicher, daß man im letzten nie versteht, sondern das Unverstandene als unverstanden annehmen muß.

Wie will der Mensch überhaupt anders als „so" glaubend sein Dasein leben, ohne daran zu verzweifeln? Einerseits ist er frei und weiß davon, kann sich aber dennoch nicht als wirklich frei empfinden. Und hat er auch die Freiheit, sich für oder gegen etwas zu entscheiden, ja oder nein zu sagen, hat er doch die Freiheit nicht, keines von beiden zu sagen. Und ob nun ja oder nein, in jedem Fall „engagiert" er sich für etwas, das er in seinen Folgen in dem Augenblick, in dem er sich entscheidet, nicht restlos übersehen kann. Denn sieht er voraus, was in der Zukunft sein wird? Und doch muß er dazu ja oder nein sagen, eine andere Wahl hat er nicht. Damit kann sich doch nur abfinden, wer Unübersehbarkeit und Unverfügbarkeit als die Existentialien seines Daseins in jenem Urvertrauen annimmt, das zum Grund allen Handelns, jeder Entscheidung gemacht wird. Jenes Urvertrauen, das sich sagt: Was auch immer geschieht und wie auch immer es geschieht, die letzte, die allerletzte Verantwortung für das – sollte es der Anschein sein – nichtgeglückte Dasein habe der Mensch nicht bei sich selbst zu suchen, sondern bei dem, was – unverfügbar – über ihn verfügt; was sich nicht errechnen läßt, was gewissermaßen in jedem „drinsteckt", was er beginnt; was darin als das Nichteinplanbare mitgegeben ist, und was unter Umständen das von ihm Geplante ins Gegenteil verkehrt. Denn es gibt einfach keine adäquate Objektivation in der Planung einer Entscheidung. Das aber bedeutet für die Verantwortung jeglichen Handelns, daß der Mensch immer mehr handelt, als er „objektivistisch" verantworten kann. Wer sich der Richtigkeit seines Handelns adäquat versichern wollte, könnte zu handeln nie anfangen, verfinge sich in der geistigen „Neurose" der Skrupulosität. Denn die Verantwortung sieht bestenfalls den Beginn, nie aber das Ende, wofür sie doch einzustehen willens ist.

Und wie mit der Verantwortung ist es mit der Freiheit. Will der Mensch nur tun, was er als das von ihm Gewollte übersieht? Dann aber muß er eines Tages feststellen, daß er gerade so gehandelt hat, wie es weder sein Wille war, noch wie es sich mit der Verantwortung verträgt, die er auf sich genommen hat. Und kann man hier auch sagen, der Mensch sei nur für das von ihm Vorausgesehene und Vorausgewollte verantwortlich, so gibt es doch viele Menschen, die als Schuld empfinden, was doch nur das Schicksal oder die Kurzsichtigkeit eines endlichen Wesens war.

Ist aber alles Handeln das Handeln mit einer Wirklichkeit, die der Mensch nicht ergreift und begreift, dann ist somit Glaube im Vollzug des Daseins Annahme der Unbegreiflichkeit als solcher, die man in jenem Urvertrauen annimmt, das gar nicht erst den Versuch einer absoluten Reflexion unternimmt, das zwar reflektiert, im letzten aber die Gewißheit hat: Es gibt die Sinnhaftigkeit und die vergebende Macht im Grunde des Daseins. Es gibt darum kein absolutes In-die-Irre-Gehen, es steht am Ende nicht der Unsinn, sondern der Sinn. Es gibt vergebende Nachsicht, nicht gerechtes Gericht. Es gibt Angenommensein, nicht Hineingeschicktwerden in die Endlichkeit.

Das Urvertrauen bedeutet nicht schon Glaube im eigentlichen Sinn, insofern es nicht schon von sich aus solcher Glaube ist. Aber weil durch die Gnade erhoben und vergöttlicht, hat es, was glaubend angenommen werden kann: die offenbarende Selbstmitteilung Gottes. Diese mag noch nicht durch die Reflexion ins menschliche Wort übersetzt sein, der Mensch allein kann dies auch gar nicht. Und möglich ist solche Interpretation des Urvertrauens auch nur dem Christen, *nachdem* er im amtlichen Offenbarungswort ausdrücklich gehört hat, was in der Tiefe des Wesens des Menschen durch die Gnade und Tat Gottes sich über menschliches Vermögen hinaus ereignet. Dann aber kann dieses durch die Gnade Gottes erhobene und vergöttlichte Urvertrauen durchaus mehr sein, als es von sich allein aus wäre, es kann eigentlicher Glaube an Gott sein. Es kann im gehorsamen Vollzug des Daseins selbst den Gehorsam des Glaubens geben, weil Gott von sich aus sich selber diesem Dasein schenkt.

Glaube, sagen wir anderseits, sei nur dort, wo er sich als gegründet und als Antwort auf die Offenbarung Gottes versteht, die der Mensch als „Wortoffenbarung" hört. Will also Gott das Heil für jeden und will er jedem die dazu notwendigen Voraussetzungen bieten, dann muß er dafür Sorge tragen, daß jeder die Offenbarung tatsächlich hören kann. Kann sie aber jeder hören? Paulus sagt (Röm 10,16): Wie sollen sie hören, wenn ihnen nicht gepredigt wird? Wird aber allen Menschen gepredigt? Die Erfahrung der Geschichte ist jedenfalls, daß es unbestimmbar lange Zeiten hindurch unbestimmbar viele Menschen gegeben hat und heute noch gibt, die weder von der Offenbarung im Alten Testament noch von der Offenbarung in Jesus Christus erreicht werden, Menschen, die auch die Kirche nicht erreicht, ohne daß man es ihnen als Schuld anrechnen könnte. Wir stehen also vor dem bereits angedeuteten Dilemma: Entweder hat Gott nicht den allgemeinen Heilswillen, oder der Glaube ist eben doch nicht das zum Heil notwendige Mittel.

Vor diesem Dilemma scheinen gerade wir zu stehen, die behaupten, es gebe anonyme Christen, den christlich Glaubenden, der dies von sich selbst nicht weiß. Vor allem darum nicht, weil er mit der göttlichen Offenbarung nicht in genügenden Kontakt gekommen sei. Wie aber kann er dann ein christlich Glaubender sein?

Zunächst: Daß der konkrete Einzelfall der Kontaktlosigkeit mit der Offenbarung und des Heilsverlustes trotz des allgemeinen Heilswillens Gottes sich erklären läßt, kann grundsätzlich nicht bestritten werden. Denn wenn jemand schuldhaft gegen die Wesensgesetze seiner Natur verstößt, darf er sich nicht darüber wundern, wenn innerhalb dieser durch Schuld verletzten Naturordnung auch die Offenbarung fehlt. Nun geht es aber nicht um einen Einzelfall, sondern um einen Großteil der Menschheit. Darf angenommen werden, daß die Menschheit *allgemein* und subjektiv so belastet ist, daß diese Schuld als gerechter Grund dafür gelten kann, daß Gott ihr trotz seines allgemeinen Heilswillens die Offenbarung faktisch versagt? Es bleibt doch immer eine offene Frage, ob und wie weit die Menschheit im ganzen gesehen bei allem objektiven Widerspruch gegenüber dem Gesetz Gottes auch subjektiv schuldhaft ist. Wer will denn überhaupt entscheiden, für wie unerfreulich er auch den moralischen Zustand der Welt halten mag, ob dieser mehr Schuld oder mehr Unglück bedeutet? Ob diese Weltgeschichte, so voller Gemeinheit, mehr eine Geschichte der Endlichkeit, der Torheit, denn eine Geschichte der Schuld ist? *Kann* sie aber in ihrer objektiven Schuldhaftigkeit mehr eine Geschichte der unvermeidlichen „Entwicklungskrisen" als die Geschichte einer von Gott verdammenden subjektiven Schuld (die es natürlich gibt) sein, dann enthält sie zwar einen Anlaß für göttliche Nachsicht und göttliches Erbarmen, aber eigentlich keinen Grund dafür, daß Gott dieser Menschheit zum großen Teil seine Offenbarung als notwendige Vorbedingung des Heils versagen könnte. Zudem erklärt doch gerade das Christentum, daß Gott dem *Sünder* eine ihn rettende Offenbarung anbiete, daß der allgemeine Heilswille dem Sünder gelte und nicht denen, die natürlicherweise das natürliche Sittengesetz beobachten und dafür als Belohnung gleichsam auch die übernatürliche Offenbarung erhielten.

Der allgemeine Heilswille Gottes

Wir kehren zu jenen Überlegungen zurück, die für das ganze Problem entscheidend sind: der allgemeine Heilswille Gottes. Er hat als Voraussetzung, daß Gott allen Menschen seine übernatürliche Gnade anbietet; daß in jedem Menschen gegeben ist, was wir übernatürliche Heilsgnade nennen, und zwar als angebotene, die Freiheit des Menschen anrufende Gnade oder als angenommene, als bejahte Gnade, welcher der Mensch zustimmt. Selbstverständlich versteht das der sogenannte Heide nicht. Aber darauf kommt es im Augenblick auch nicht an. Es geht vielmehr darum zu zeigen, daß es ohne Schaden für die absolute Heilsnotwendigkeit eines eigentlichen Glaubens einen Menschen geben kann, der als der anscheinend Ungläubige, als der „anonyme" Christ in der konkreten Möglichkeit des eigentlichen Glaubens steht, und dies deshalb, weil er angepackt, innerlich bewegt und angerufen ist durch die übernatürlich ihn erhebende Gnade. Dazu ist es nicht notwendig, daß er immer auch schon von der amtlichen, im ausdrücklichen Wort ergehenden Offenbarung geschichtlicher Art erreicht sein müßte. Gemeint ist, daß die göttliche Gnade, die das geistige Leben des Menschen erfaßt, ihm zwar nicht einen ihm bis dahin unbekannten Gegenstand gibt, sondern ihm ein unthematisches Horizontbewußtsein verleiht, *unter* dem er alles erfaßt. Er braucht darauf nicht zu reflektieren, aber es ist so unausdrücklich „da" wie dort, wo jemand sich von der liebenden Nähe des anderen umfaßt fühlt, die ihm auch nicht thematisch bewußt zu sein braucht und die er trotzdem erfährt, und zwar so, daß sie sein Bewußtsein völlig verändert. Wie viel eher vermag das aber dann die übernatürliche Gnade, insofern sie dem Menschen eine ganz neue Sicht, einen völlig anderen Aspekt gibt, die Dinge zu sehen.

Diese bewußtseinsverändernde Gnadenmitteilung aber läßt sich durchaus als einen Offenbarungsvorgang auffassen; nicht freilich als die Mitteilung einer gegenständlich-satzhaften Erkenntnis, nicht als das, was man gewöhnlich unter Offenbarung versteht: die Mitteilung eines aus Begriffen aufgebauten Satzes, so zum Beispiel: „Gott ist gerecht", und wo dann dieser Satz als *Gegenstand* der Erkenntnis in unserem Bewußtsein steht. Es wäre aber Willkür zu behaupten, Offenbarung könne *nur* so geschehen, und zu bestreiten, daß die unthematische, horizonthafte Bewußtseinsveränderung auch eine wirkliche Veränderung des Bewußtseins bedeute: als die Mitteilung von Bewußtheit an dieses Bewußtsein, und daß sie damit auch unter den Begriff der eigentlichen Offenbarung fällt als Selbstoffenbarung durch Selbstmitteilung in der Gnade, die letztlich Gott selber ist.

Daraus ergibt sich der Satz: Allgemeine Heilsgeschichte ist schon per definitionem allgemeine Offenbarungsgeschichte. Wenn also und insoweit alle Menschen aller Zeiten, aller Zonen unter dem Einfluß der göttlichen, übernatürlichen Gnade stehen, erfahren sie: Offenbarung. Damit erstreckt sich die Offenbarungsgeschichte so weit wie die Gnadengeschichte und umgekehrt. Insofern aber die durch die Gnade selbst gegebene Offenbarung anderer Art ist als die satzhaft gegenständliche, unterscheiden wir: allgemeine, gnadenhaft geschehene Offenbarungsgeschichte und die, welche (satzhaft thematisch) durch die Propheten, durch Jesus Christus geschieht, die nichts anderes ist als die von Gott gesteuerte Thematisierung der allgemeinen Offenbarungsgeschichte, deren geschichtliches Ausdrücklichwerden, die von Gott gelenkte

Explikation der gnadenhaften allgemeinen Offenbarungs- und Heilsgeschichte.

Das Gesagte dürfte deutlich gemacht haben, wie es denkbar ist, daß *jeder* Mensch, wo immer und wann immer er lebt, die Möglichkeit zu einem Akt des Glaubens hat (einem Akt, der ein Ja zu einer eigentlichen Offenbarungstat Gottes sein muß), insofern zumindest damit gerechnet werden darf, daß jeder von der in und mit der Gnade schon gegebenen allgemeinen Offenbarung erreicht wird, die Möglichkeit also hat, sein Ja zu dieser *allgemeinen* Offenbarungsgeschichte zu sprechen; wenn auch nicht jeder von der Offenbarungsgeschichte in reflektierten Sätzen (der sogenannten „speziellen" Offenbarungsgeschichte) erreicht wird.

Es kann nicht die Absicht sein, den „Ungläubigen" davon zu überzeugen, daß er ein solches Ja spricht. *Daß* er es spricht, sprechen kann, davon soll der Glaubende überzeugt werden. Er soll verstehen, daß es falsch ist zu argumentieren, der Mensch könne sein Heil nur durch einen Glauben finden, der eine eigentliche Offenbarungstat Gottes voraussetze, die aber nur in der speziellen Offenbarungsgeschichte gefunden werde. Somit aber sei alles Suchen nach der Möglichkeit eines Ja außerhalb dieser speziellen Offenbarungsgeschichte von vornherein hoffnungslos. Eine Argumentation, die – um es nochmals zu sagen – deshalb falsch ist, weil mit der allgemeinen, jeden Menschen erreichenden Offenbarungsgeschichte jedem die Möglichkeit zu einem heilsnotwendigen Glauben gegeben ist.

Welche Inhaltlichkeit aber muß der Glaube haben, soll er Heilsglaube sein? Nach einer Theorie, die vom kirchlichen Lehramt nicht beanstandet ist, genügt es, an die Existenz Gottes als des Garanten der sittlichen Ordnung zu glauben. Diese Theorie gibt sich also mit einem Glaubensinhalt zufrieden, der material nicht von einer nur natürlichen Erkenntnis Gottes verschieden ist, bleibt doch jede religiöse Wahrheit auch dann religiös, wenn sie natürlicherweise einsehbar ist, konkret in keinem Fall vom einzelnen in reiner Selbständigkeit entwickelt wurde, sondern immer schon aus einer „Tradition" übernommen ist. Und schließlich steht jeder Mensch in der übernatürlichen Ordnung, lebt darin in der Weise, daß er von der Gnade getragen und umfaßt wird, und erhält damit einen anderen Charakter, als er gegeben wäre, würde es sich um eine bloße „Vernunftwahrheit" handeln, die über eine nur natürliche Erkenntnis nicht hinausreicht.

Wäre damit aber schon der Glaube als *christlicher* beschrieben? Wer auf das christliche Glaubensleben blickt, stellt zweifellos eine ganz eigentümliche Schwierigkeit fest: die Kompliziertheit der Dogmatik. Und dies ausgerechnet bei einer Religion, die beansprucht, *die* Heilsreligion *aller* zu sein. Habe denn Gott, so fragt er sich, nicht die Möglichkeit, auf einfachere Art den Menschen wissen zu lassen, was dieser wissen muß, damit er sein Heil erreiche? Wo es sich um das Heil handelt, also um die „nackte Existenz" des durchschnittlichen, mit den primitiven Mühseligkeiten des Alltags kämpfenden Menschen, bedürfe die Religion doch einer schlichten, einprägsamen „Formel" gleichsam, mit der jeder zurechtkommt, ohne ihre letzte Zuflucht auf die Berufung des „Geheimnisses" Gottes nehmen zu müssen. Es gibt eine solche „Kurzformel" des Glaubens, die alles zusammenfaßt, was Christentum meint: Gott hat sich dem Menschen zu unmittelbarer Nähe gegeben. Als er selbst hat er sich dem Menschen mitgeteilt. In dieser Selbstmitteilung wird der Geber selbst zur Gabe, wird das Endliche mit dem Unendlichen be-gabt. Dies ist das, was das Christentum von der übernatürlichen Gnade lehrt, indem sie heiligmachende, rechtfertigende Gnade als das lehrt, was Gott als die eigene göttliche Natur, als den Inhalt des einmal vollendeten Lebens des Menschen diesem jetzt schon anbietet, dem Glaubenden jetzt schon gibt.

Dem Glaubenden: Denn dieses Gnadenangebot richtet sich an die Freiheit des Menschen und steht damit immer unter der Möglichkeit einer Ablehnung durch den Menschen, der dazu ja, aber auch nein sagen kann. Aber ob ja oder nein, das Angebot als solches bleibt davon unberührt, es ist gemacht, bleibend gemacht. Der Mensch steht bleibend unter diesem Angebot der Gnade. Eben so gehört es zur Grundverfassung des Menschen. Die Theologie nennt diese von Christus herkommende Bestimmung des Menschen ein übernatürliches gnadenhaftes christologisches Existential. Sie meint damit folgendes: Seit Beginn der Menschheitsgeschichte bis zu ihrem Ende steht jeder Mensch unter dem allgemeinen Heilswillen Gottes, seinem Gnadenangebot, was aber erst in Jesus Christus offenbar, endgültig und unwiderruflich geworden ist. Auf ihn zielt, aufgrund der vielfachen Verbindung, die dieser mit dem Menschen eingegangen ist, die Menschheitsgeschichte von Beginn an immer schon hin, in ihm hat sie ihren Höhepunkt erreicht. In ihm kommt zur Vollendung, was in der Gnade angehoben hat. Christus ist nicht nur Ursache und Ursprung allen Heils, als der Gott-Mensch ist er auch die konkrete, historisch greifbare Sichtbarkeit, das sichtbare „Zeichen" des Heiles aller Menschen. Durch ihn und von ihm her ist somit die Geschichte von vornherein die Geschichte des Gott-Menschen. Und insofern der Mensch das von Christus herkommende gnadenhafte Existential hat und es als Moment seines ganzen Daseins – reflektiert oder nicht – bleibend besitzt, insofern ist der Heilswille Gottes als etwas zu verstehen, das Gegenwart hat.

Aber so wie es geistige Dinge des Menschen gibt, die dieser nicht reflex „feststellen" kann, obwohl sie doch zu ihm gehören, so ist es auch mit diesem gnadenhaften Existential: Obwohl bewußt, also innerhalb des Bewußtseins stehend, muß es dennoch nicht als *gewußt* objektivierbar, durch Reflexion voll einholbar sein. Aufgrund der Vielschichtigkeit des menschlichen Bewußtseins können in seiner Tiefe Dinge gegeben sein, von denen der Betreffende ausdrücklich, an der Oberfläche seines Bewußtseins nichts weiß. Die er vielleicht auch verdrängt, um sich nicht auch ausdrücklich mit diesem seinem Grundwissen auseinandersetzen zu müssen, und die er darum im Raum seines Tiefenbewußtseins festhält. Wo sich jedoch der Mensch von der Gnade Christi ergreifen läßt, können wir ihn mit vollem Recht als einen anonymen Christen bezeichnen.

Bleibt allerdings das Christentum als solches „anonym", dann muß sich das für das „amtliche" Christentum als Abstand auswirken, auch wenn sie doch im Grund beide dasselbe meinen. Bleibt es aber anonym, dann sind ihm alle reflexen, amtlichen Sätze relativ zu dieser Gnadengrunderfahrung nur sekundär, immer nur dessen nachträglich vorgenommene Thematisierung. Das amtliche Christentum sollte jedoch dem Menschen heute ganz unbefangen seine Verständnislosigkeit gegenüber dem Explizieren dogmatischer Sätze zugestehen. Es dürfte und sollte dafür Verständnis haben, daß der heutigen Mentalität einfach der Sinn für sublime und subtile Dogmatik abgeht. Von seinen eigenen Prinzipien her dürfte und könnte es diese heutige Mentalität als anonymes Christentum interpretieren, und ohne sich selber zu reduzieren, hätte es damit schon den heutigen Menschen erreicht. Es könnte in einem zuversichtlichen, geduldigen, wenn auch nie abgeschlossenen, nie völlig siegreichen Gespräch daran gehen, dem Menschen klarzumachen, daß das, was das amtliche und ausdrückliche Christentum meint, die richtige Aussage dessen ist, was der Mensch durch Gottes Gnade überall erfährt.

Begreift der Christ, daß das Dilemma nicht ist: entweder unchristlich optimistisch zu sein, da man dem anderen eine a-christliche Heilsmöglichkeit zuschreibt, die man ihm nicht zuschreiben darf; oder unchristlich pessimistisch zu sein, da man der Meinung ist, dem anderen das Heil nicht erhoffen zu dürfen, dann könnte er ein unbefangeneres, gelasseneres Verhältnis gegenüber der Welt, die er als unchristlich erfährt, gewinnen. In dieser Hoffnung für alle brauchte er sich in seinem christlichen Dasein nicht mehr als so eindeutig angefochten zu empfinden angesichts der ungezählten, immer noch zahlreicher werdenden Schar von „Nichtchristen". Und darauf kommt es wesentlich an. „Denn für das anonyme Christentum allein als solches brauchen wir ja nicht zu sorgen. Das macht Gott allein. Wir haben doch die Aufgabe, den Menschen gerade zu zeigen, daß, *weil* sie anonyme Christen schon sind, sie auch explizite Christen werden sollen und es ruhig wagen können, ausdrücklich zu sein, was sie auf jeden Fall im Untergrund ihres Wesens schon sind." (20. 9. 1959)

VIELE, DIE DIE KIRCHE NICHT HAT, „HAT“ – CHRISTUS

Ist das Christentum für die Menschen heute uninteressant geworden? Vielleicht macht man den Fehler, Christentum mit Kirche gleichzusetzen. Wohl sind beide unlöslich miteinander verbunden, aber „dasselbe“ sind sie darum nicht. Sie sind nicht miteinander identisch. Das ergibt sich schon daraus, daß das Christentum zu den verschiedenen Zeiten verschieden geübt werden muß, daß es auch von den einzelnen derselben Zeit verschieden zu üben ist, so daß jeder auf seine Weise Christ sein kann.

Wer heute Christ ist, ist es aufgrund persönlicher Entscheidung. Und würde er auch dieses sein Christentum, das er im eigenen Entschluß erwarb, an seine Kinder weitergeben, wird er nur zu oft erfahren müssen – und dies mit viel Bitterkeit –, daß seine Kinder das an sie weitergegebene Christentum nicht ohne weiteres übernehmen, sondern es wieder neu für sich erwerben und entwickeln müssen. Auf Wegen vielleicht, die für die Eltern nicht nachvollziehbar sind, vielleicht auch auf Umwegen. Jeder ist ja, die einen mehr, andere weniger, Produkt seiner Umwelt, steht unter ihrem bildenden, unter Umständen verbildenden Einfluß. Dabei kann es freilich auch umgekehrt sein: Je ungünstiger die Bedingungen möglicherweise sind, umso wahrhaftiger kann das Christentum gelebt werden.

Vielleicht sollten sich so manche Kirchenchristen eine unbefangenere christliche Mentalität anschaffen. Vielleicht sollten sie weder sich selbst noch andere vor die Alternative stellen: entweder ganz oder gar nicht. Da man aber „ganz“ nicht zu können glaubt, es vielleicht auch nicht will, hält man es für die beste und auch einzige Möglichkeit, gar nichts mehr mit der Sache zu tun zu haben. Einfach weil nicht begriffen wird, daß das Christentum keine Summe genau festgelegter Leistungen ist, von denen man dann meint, sie ließen sich nur ganz oder eben gar nicht erfüllen. Die Zahl derer, die weder eifrige Christen noch entschlossene Nichtchristen sind, ist heute sehr groß.

Und das ist nicht verwunderlich, bedenkt man, mit wieviel Dingen sich heutige Christen beschäftigen müssen, Dinge, die es für frühere Christen nicht gab. Sie konnten ihre Kräfte ganz für das Religiöse verbrauchen, wurden weitgehend von Dingen absorbiert, die über die Befriedigung der unmittelbaren vitalen Bedürfnisse nicht hinausgingen, die religiöse Daseinsfrage als *Frage* gab es für sie im großen ganzen nicht. Was es aber an Kunst, Wissenschaft und dergleichen gab, war selbst ein Moment am Religiösen. Heute dagegen gibt es außer diesem unendlich viel. Und dieses, worin sich menschliches Dasein verwirklicht, muß erst einmal menschlich bewältigt werden. Es muß – vielleicht auf verschlungenen Wegen – christlich erlebt und in seiner Fragwürdigkeit erfahren werden, damit der Weg zum Christentum, zu Christus frei und nicht verschüttet wird.

Es ist ungerecht und an der Sache vorbei außerdem, wollte man Heutige einzig danach beurteilen, inwieweit sie und inwieweit sie nicht den *kirchlichen* Forderungen entsprechen, und würde man dabei ihre vielleicht viel größeren Leistungen, solche, die außerhalb des Religiösen liegen, nicht anerkennen. So als ob es sich dabei einfach um Selbstverständlichkeiten handelte. Als ob sich nicht *christlich* leben ließe, wenn *diese* Dinge ordentlich getan werden.

Zu fragen wäre auch, ob jene, die sich vom kirchlichen Leben entfernt haben, es überhaupt je richtig verstanden. Ob nicht ihre einstige Teilnahme daran nur scheinbar eifrig, vielleicht durch die Liebe zu den Eltern bestimmt war, so daß ohne persönliche Schuld aufgegeben werden konnte, was als Pflicht nie erkannt worden war.

Wäre man als Christ bis auf das letzte i-Tüpfelchen gleichsam vorgedruckt, gäbe es für *den* Christen ein Schema, das in jede Zeit hineinpaßte, dann hieße das doch, daß es sich immer um die gleiche Welt handelt, zu der man sich als Christ auf die immer gleiche Weise zu verhalten hätte. Und „Welt" wäre das

in sich gleichgültige Material, an dem der Christ sein Christentum einzuüben hätte. Weil es aber so gerade nicht ist, weil die Welt immer die sehr verschiedene – äußere – Möglichkeit ist, die dem Menschen als seine Umwelt gegeben ist, darum muß auch immer sehr verschieden sein, wie er daran sein Dasein vollziehen muß oder müßte. Ob als Jude oder Grieche, Mann oder Frau, immer bedeutet solch ein Daseinsvollzug, in persönlicher Verantwortung vor Gott zu stehen. Eine Verantwortung aber, die je nach Zeit und Welt, auch Charakter, Mentalität, Umständen, sehr verschieden zu üben ist. Wenn aber nun Zeit und Welt für die meisten – mindestens nach unserem Eindruck – heidnisch geworden ist (bis auf wenige Menschen, die man eigens suchen muß), dann muß man daher sein Christentum für sich selber erst einmal finden, und zwar ohne dabei gestützt zu werden durch öffentliche Meinung, durch Nachahmungstrieb, jene Bequemlichkeit, in der einfach übernommen und weitergemacht wird, was „man" nun einmal „so" tut. Jedenfalls wird mehr als früher geleistet, wenn heute jemand christlich lebt. Denn fraglos ist es schwer geworden, Christ zu werden und zu bleiben; schwerer noch, kirchlicher Christ zu werden und zu bleiben. Und so könnte das Augustinus-Wort hoffen lassen: Viele, die Christus hat, hat die Kirche nicht. Und: Viele, die die Kirche nicht hat, „hat" Christus.
Wobei natürlich auch die, die Christus hat, nach seinem Willen zur Kirche bestimmt sind, das heißt, zur eigentlichen Gliedschaft innerhalb der sichtbaren Kirche zu führen sind. Nur muß eben nicht in jedem Fall solche Weiterführung und -entwicklung schon zu ihrer Vollendung kommen, so daß auch die, welche nicht greifbare Glieder der Kirche werden, dennoch von Christus „gehabt" werden können.
„Ich habe wirklich eindeutig den Willen, beim Manuskript zu helfen: über den anonymen Christen, über das, was mit Christus eigentlich in der christlichen Lehre gemeint ist, über unsere Lebenseinheit mit ihm, die auch dort noch vollzogen wird, wo man es nicht weiß, so daß von diesem simplen Bestehen des Lebens her eigentlich die wahre Christologie erst verständlich wird." (12. 4. 1959)

KIRCHE ALS KIRCHE DER SÜNDER

Eine oft zu machende Feststellung: Die Kirche bleibt in einer längst vergangenen Zeit stecken. Was in einer bestimmten Periode schöpferisches Vorbild war, in diese Periode hineinpaßte, hat in einer späteren aufgehört, noch eine wirkliche geistige Möglichkeit zu sein. Statt dessen kleinbürgerliche Horizonte, Ressentiments gegen tausend Dinge des alltäglichen Lebens, Festhalten an einem alten Stil, der an sich überwunden sein sollte, so daß die Tradition zum Bremsklotz wird. Freilich, alter Stil, neuer Stil, die Kirche ist nun einmal ein Vehikel, das sich im Fahren wandeln muß. Und so kann sie denn nicht mehr tun, als sich zu bemühen, ihr konkretes Erscheinungsbild den jeweils gegebenen Verhältnissen anzupassen.

Bei solcher Anpassung ist jedoch zu bedenken, daß sie selbst wieder aus Wünschen, Empfindungen, Belastungen von Menschen besteht, die außerordentlich verschieden sind. Die je nach Völkern und Gegenden wechseln. Die sehr schnell wechseln können, die sich oft auch widersprechen. Von der Kirche aber wird erwartet, daß sie sich so schnell, wie der Wechsel erfolgt, so widerspruchsvoll er vielleicht auch ist, anpaßt und angleicht. Sie lebt aber nun einmal auch ein irdisches – irdisch von Erde – Leben. Und zu solchem Leben gehört es, daß Menschen und Völker ihre sehr spezifischen Eigenarten haben und haben sollen. Und schließlich und endlich ist zu sagen: so viel Menschen, so viel Weisen auch, Gott Verehrung darzubringen. Dabei kann es schon passieren, daß dem einen nicht paßt, was dem anderen lieb und wert ist. „Aber man muß lernen, daß man sich nicht einfach mit der Kirche gleichsetzen kann und andere ebensoviel recht haben, sie nach ihrem Bild und Gleichnis haben zu wollen, wie wir sie nach unserem formen zu müssen meinen. Man kann natürlich sagen, daß es objektiv evident sei, daß wir recht haben, daß die anderen verkalkt sind usw., aber das ist eben *unsere* Meinung, und die anderen denken umgekehrt. Und die schweigende Geduld bleibt eben doch (auch wenn man darüber manchmal verrückt werden könnte) noch wichtiger als das objektive Rechthaben." (3. 10. 1962)

„Sie dürfen nie fürchten, daß ich wirklich einmal von der Sache oder der Person her eigentlich verständnislos sein wollte oder sein werde für alle kirchlichen Probleme, die Sie bewegen. Ich habe sie auch. Es ist nicht immer zu erwarten, daß wir in Einzelheiten gleicher Meinung sein werden, was sachliche Inhaltlichkeit solcher Meinungen über diese Probleme angeht, der subjektive Tonus der Gefühle diesen Mißständen, Ärgernissen usw. in der Kirche gegenüber wird oft verschieden sein, ich werde vielleicht weniger leicht als Sie Dummheit auf Bosheit zurückführen." (11. 3. 1962) Aber schließlich ist schon keiner kraft seines Amtes zu dem geworden, was dieses Amt an sich von seinem Träger fordern möchte. Und je höher das Amt, umso geringer sind, menschlich gesprochen, die Aussichten, es so zu verwalten, wie vielleicht ein anderer seiner kleineren Aufgabe gerecht wird. Das „Wachsen mit den höheren Zielen" trifft oft vielleicht zu, meistens aber ist es umgekehrt: Je höher die Aufgabe, umso schmerzlicher spürt der Beauftragte *und* seine Umgebung, wie unzulänglich doch der Mensch ist, was vorher, als die Aufgabe kleiner war, nicht so bemerkt wurde.

„Was Sie von dem Haß gegen die Amtskirche schreiben und von deren Hintergründen, glaube ich, sogar sehr gut zu verstehen. Aber ich meine eben, man kann den Haß vielleicht zwar auch zu einem Motor zum Guten und Sinnvollen werden lassen. ... Aber man muß doch vorsichtig sein, sehr vorsichtig. Und in seinen Urteilen usw. einkalkulieren (d. h. die Unobjektivität des Hasses abzuziehen suchen). Denn dazu ist man nun einmal einfach und schlicht verpflichtet, weil der Haß eben doch mindestens einseitig macht und man eine Verpflichtung auf die sachliche Wahrheit hat. Ich predige damit nicht nur Ihnen, sondern auch mir. Glauben Sie nicht, ich müsse das mir im Blick auf die Amtskirche nicht auch immer wieder sagen." (25. 1. 1962)

Jedem von uns geht sie, die heilige Kirche, *als* diese Kirche der Sünder irgendwann und irgendwo auf die Nerven. Sei es, weil da Hartherzigkeit ist. Oder vielleicht Uneinigkeit. Oder Enge oder Spießigkeit oder Verständnislosigkeit gegenüber einer gewandelten Welt. Die Kirche hat so viele „Kinder". Und worin sie den einen überaltert scheint, darin wird sie von den anderen vielleicht besonders geschätzt. Sie denkt in Jahrhunderten. Warum auch immer, wenn sie etwas annimmt, es schon auf dem Boden des vorher schon Gewesenen gewachsen ist und daher nie etwas sein wird oder werden kann, so als sei das Bisherige nicht gewesen.
Was Bremsklotz sein kann – die Tradition –, ist gleichzeitig auch Stärke. Um dieser Stärke wegen muß nun einmal der Christ manche Last tragen. Soll er doch froh sein, wenn sie nicht Schuld bedeutet. Wäre es aber Schuld, warum sind wir Christen so empört, wenn wir sie feststellen? Der Sache Gottes wegen? Oder weil man sich kompromittiert, blamiert fühlt? Weil nämlich die anderen töricht genug sind, das, was nicht sein sollte, Christentum und Kirche anzulasten statt den Menschen. Den Menschen nämlich, die zur Kirche als dieser menschlichen Organisation und Institution, die sie ja doch auch ist, gehören. „Welche Schmerzen und Todesängste müssen wir leiden, vielleicht (nein, sicher auch) stellvertretend, damit die Kirche sich wandle in ihre Gestalt von heute, von morgen. Und morgen wird sie anders sein, und wieder wird sie hinter der ganzen Aufgabe zurückbleiben. Leiden wir an der Kirche? Ich glaube, ich leide an *mir*. Und aus der Kirche blickt mein eigenes Versagen mich an. Wären wir selbst in Ordnung, würden wir mindestens gelöster, weniger bitter, selbstverständlicher leiden. So sind wir ergrimmt. Und fügen der Last, gegen die wir protestieren, neue Last hinzu. . . . In einem Psalm heißt es: Weinen wir vor dem Herrn, der uns gemacht hat." (21. 7. 1963)
Aber wer ist denn überhaupt Kirche? Eine Sammlung von Amtsträgern? Sie – die hohen und weniger hohen, die kleinen und unscheinbaren –, die die Aufgabe und die Verpflichtung haben, dem inneren Wesen der Kirche äußeren Ausdruck zu

geben? Ist der einzelne Christ höchstens deren Betreuungsobjekt? *Jeder* ist Kirche. Auch dann und dort, wo ihm diese konkrete, diese menschliche – und daher sündige – Kirche so maßlos auf die Nerven geht.

Aber die Kirche der Sünder ist gleichzeitig die *heilige* Kirche, das Ur-Sakrament. Sie ist nicht nur der Ursprung der Sakramente, der Ort, von dem her man solche Sakramente beziehen könnte, nein, sie ist selber Sakrament, ein „Zeichen". Das Zeichen für das Fortleben und -wirken Christi, das in ihr greifbar und sichtbar geschieht. Sie ist sein Bleiben in der Welt, verwirklicht seine Gnade in dieser Welt. Als das durch Christus gesetzte Zeichen ist sie das Medium der Gnade, ist *als* solche heilig. Heilig als die Gemeinschaft der in persönlicher Verantwortung und Entscheidung Glaubenden.

Heiligkeit kann sehr verschieden aussehen, auch wenn sie ihrem innersten Wesen nach im Grund – bis zu einem gewissen Grad – etwas Gleichbleibendes ist. Für Heiligkeit gibt es kein Schema. Heiligengeschichte ist lebendige Geschichte, einmalig, unwiederholbar. Man kann sie nachahmen, nachleben, sie auch zum Vorbild machen. Für die Kirche aber liegen der Wert und „Nutzen" ihrer Heiligen zum Teil darin, daß sie schöpferische Vorbilder der je gerade fälligen Heiligkeit sind, die einer bestimmten Epoche aufgegeben ist. Und die vielleicht einen neuen Stil von Heiligkeit schaffen, durch ihr Leben beweisen, daß man auch „so" Christ sein kann.

Meist geht allerdings viel Zeit darüber hin, bis das erkannt und verstanden wird. Selten geschieht es schon zu Lebzeiten der Betreffenden. Viel später erst wird begriffen, wie gewagt in Wirklichkeit, wie „originell" war, was jene taten und lebten und was dann Jahrhunderte später nicht mehr im geringsten noch gewagt war. Den Späteren erscheint es sogar manchmal als überholt und überlebt, sie kommen mit den „alten" Heiligen nicht recht mit. Sie meinen, vor Heiligkeit müsse einem das Herz stehen bleiben angesichts so „phantastischer", heldenhafter Taten. Sie denken nämlich, Heiligkeit müsse in jedem Fall etwas ganz anderes sein als das, was im Alltag des „gewöhnlichen" Menschen gefunden werden kann.

Es wäre freilich der Alltag des un-gewöhnlichen Menschen: der opfert, ohne Lohn und Anerkennung zu erwarten; der gut zum anderen ist, ohne dafür Dank zu erhoffen; der sich selber ausstreicht, wo er sich verteidigen könnte; der gehorcht, nicht weil er sich sonst Unannehmlichkeiten aussetzte; der nach Armut und Demut verlangt, um bei Gott sein zu können; der nach Leiden und Martyrium verlangt um Gottes wegen. Diese sehr ungewöhnlichen Dinge wären es, die mehr oder weniger am inneren Wesen christlicher Heiligkeit gleichbleiben.

Solche ungewöhnlichen Menschen aber gibt es in dieser sichtbaren Kirche der Menschen – dieser Kirche der Sünder – auch heute noch. Erlebt man sie, möchte man fast an ein Wunder glauben, so sehr man sich auch wehrt, sich auch nur vor die Tatsache des „Wunderbaren" gestellt zu sehen. Und darum wird man auch immer versuchen, es wegzuerklären, wenn man es durchaus nicht sehen will.

Beim Wunder liegt, wie bei anderen Fragen auch, die Wahrheit meist in der Mitte, ohne dabei zu einem handfesten Rezept zu kommen, mit dem sich „arbeiten" ließe. Angenommen, ein stark extrovertierter Mensch verfällt auf die Idee, von nun ab als Kartäuser Gott sein Leben zu widmen. Er betet darum um das Wunder, daß Gott ihn und seine Natur „umschaffe", damit er das Gebot absoluter Schweigsamkeit erfüllen könne. Schätzungsweise wird er vergeblich auf die Erfüllung seiner Bitte warten. Gott wird der Ansicht sein, der Betreffende solle ihm dienen, wie es seinen „natürlichen Gegebenheiten" entspricht. Was nicht heißen soll, daß ihm nicht Gnaden zukommen könnten, die mehr aus ihm machen, als es die Natur ursprünglich mit ihm vorgehabt hat. Es gibt keine Einschränkungen darin, daß Gott das „Unmögliche" möglich machen kann.

Wunder lassen sich zwar wegdiskutieren, wenn man es durchaus so will. Viele „Wunder" werden sich auch als Geschehnisse aufklären lassen, bei denen das meiste, manchmal alles ganz natürlich zugegangen ist. Der wirklich Glaubende sieht Gottes Gnade und Liebe nicht nur dort, wo wir gemeinhin von

Wundern sprechen. Denn die tausend „Zufälle", die zu einem sinnvollen Ganzen zusammenwachsen, sind – trotz allen Scheiterns, trotz aller Schuld, trotz aller Tränen – für den, der sehen kann, ein Werk der Liebe Gottes. Und sie ist das größte Wunder. Das letztlich einzige Wunder, dieses nämlich, daß wir, wenn wir uns nicht sperren, so oder so, aber auf jeden Fall in die Hände seiner Liebe fallen.

Ein Glaube, der meint, es könne nur mit Wundern etwas Sinnvolles herauskommen, ist schwach und unfertig. Schwach, wenn man der Ansicht ist, Wunder habe es höchstens früher gegeben, und daher habe man nicht den Mut, darum zu bitten. Die richtige Dosierung zwischen diesen beiden Extremen hat selber eine Variationsbreite. Jeder hat darin seine eigene Gabe. Man braucht darin als Christ nicht ängstlich zu sein. Der eine ist eher skeptisch, der andere eher vertrauensvoll. Beides kann die rechte Weise sein, Gott seine Bitten vorzutragen. Vorausgesetzt, man läßt ihn schließlich und endlich größer sein als uns, die Skeptischen oder die Wundergläubigen.

Gott ist alles möglich. – Die Kirche bedarf der Wunder. Dieses Wunders vor allem, daß sie – obwohl Kirche der Sünder – von jedem einzelnen in ihr dank Gottes machtvoller Gnade als die heilige Kirche geglaubt wird, der der Geist Gottes versprochen und gegeben wurde.

WIEDERHEIRAT NACH GESCHIEDENER ERSTER EHE ALS „FELIX CULPA“

Ehescheidungen und Wiederheirat nach geschiedener Ehe nehmen stetig zu. Kirchliche Normen hinsichtlich Ehe- und Geschlechtsmoral finden immer weniger Beachtung. In „Die Vierzehn Stationen im Leben des N. N.“ habe ich zu diesem Thema Stellung genommen. Dabei war es mir vornehmlich um den Begriff einer „felix culpa“ – einer seligen Schuld – als solcher gegangen. Für ihre Erläuterung schien mir in geradezu klassischer Weise die Wiederheirat nach geschiedener erster Ehe geeignet zu sein.

Wir wären keine Christen, sagten wir zwar, es gibt eine Schuld des Menschen, würden wir aber nicht auch sagen, es gibt Gottes Barmherzigkeit. Dem *Sünder* ist Gottes Gnade verheißen, und erst recht wäre ein Sünder, wer die Sünde größer sein ließe als Gnade und Barmherzigkeit Gottes.

Wer hätte wohl nicht schon irgendwann einmal am Ende seiner Kraft gestanden, einfach nicht wissend, wie er weiterkommt? Wer nicht schon das Letzte an Haltung verloren, da er keinen Ausweg mehr sah?

Sogar Jesus hat die Erfahrung der Endlichkeit seiner Kraft machen müssen; sogar er ist „gefallen“. Und nicht nur rein physisch verstanden, auch moralisch (wenn auch nicht moralisch im engeren Sinne) ist er unter dieser Schuld – von der Paulus sagt: „Gott hat unsere Sünden auf IHN gelegt“ – zusammengebrochen. Sein Fallen gehört wirklich in den Kreuzweg hinein, und man braucht es nicht daraus gleichsam wegzuretouchieren, damit das Ganze sein respektables Gesicht behalte.

Es gibt aber als solchen Zwischenbereich des menschlichen Daseins die Erfahrung der Endlichkeit seiner Kraft: Man ist gereizt und möchte doch geduldig sein; man ist müde, es fällt einem kein gutes Wort ein, obwohl man es gern hätte; man hat für gewisse Dinge kein Verständnis, obwohl man es sich selber wünschte, kurz: Man bringt einfach nicht fertig, was man doch fertigbringen möchte und sollte – *gibt* es also diese Erfahrung der nicht beliebigen Größe seiner physisch-moralischen Reserven, dann gehört von daher das „Fallen" auch in den Kreuzweg unseres Lebens hinein. Und zwar nicht bloß als die beklagenswerte Unterbrechung dessen, was eigentlich hätte getan werden müssen, sondern als eine gewissermaßen berechtigte Lebensphase. Vorausgesetzt freilich, es geht darin nicht um ein Fallen-wollen: vielleicht in der Meinung, damit Gott eine Chance zu geben, sich in seiner Hilfsbereitschaft zu beweisen; denn woher will man wissen, *daß* er hilft? Vorausgesetzt auch, man hat sein Fallen nicht schon von vornherein eingeplant wie jemand, der erklärt, es gehöre einfach zum Leben dazu, könne doch nur, wer Schuld wirklich erfahren habe, die Tiefen seines Daseins ermessen und wirklich zu sich selber finden.

Man fragt sich manchmal dennoch, ob nicht dieser oder jener erst einmal durch Schuld hindurchgegangen sein müsse, *damit* er sich selber fände; oder auch: damit er Gott fände. Schuld ist ja nie das einfach *nur* Sinnwidrige. Darin ist gerade kreatürliche Schuld kreatürlich, *daß* sie nicht absolute, „vollkommene" Schuld ist, sondern immer auch etwas Richtiges an sich trägt: Die schlechte Suppe kann man nur mit dem Wasser des lieben Gottes kochen; sogar Lumperei und Schurkerei sind immer auch Zeugnis von Mut, Überlegenheit, erfinderischem Geschick; und umso mehr können sie es sein, je ärger und niederträchtiger sie vielleicht sind.

Ist aber Schuld niemals Nur-Schuld, verwirklicht sie immer auch Positives, menschliche Werte, dann kann sich daraus ein Problem ergeben, das unlöslich scheint: das Problem jener Schuld, die in dem, der sie auf sich lud, wenigstens dem unmittelbaren Empfinden nach keine Reue findet; die er meint, einfach nicht bereuen zu können, in der er also immer noch, wie er glaubt, verbleibt und auch weiterhin verbleiben will, erlebt er doch jeden Tag das *Positive* an dieser seiner

Schuld. – Einmal angenommen, es handle sich um eine Schuld, die dem Betreffenden Glück, echt menschliches Glück gebracht hätte, die ihn hätte reifen und wachsen, ihn tatsächlich zu sich selber, ja auch zu Gott hätte finden lassen. Angenommen, ein Fall wie dieser: Jemand hat nach geschiedener Ehe ein zweites Mal geheiratet. Beim ersten Mal war er noch das reinste Kind gewesen, ohne ernsthaft sittliches und moralisches Verständnis, ohne jenes Wissen, um was es bei einer Ehe geht, zweifellos also ohne wirklich *volle* Ehe-Reife. Also einer jener Fälle mit anderen Worten, wo sich fragen ließe, ob angesichts dieser Tatsache, daß die zum Eheabschluß an sich gewünschten oder erforderlichen Voraussetzungen (Voraussetzungen, die eine Ehe erst zu einer ganz echten und guten Ehe machen) nicht alle gegeben waren, es überhaupt zu einer gültigen Ehe hatte kommen können.

Nun hatte dieser, um den es in unserem Fall geht, derartige Überlegungen nicht angestellt. Es war ihm auch gar nicht erst die Idee gekommen, bei einer kirchlichen Behörde um Annullierung seiner ersten Ehe unter der Begründung nachzusuchen, es sei selbst die zur Gültigkeit erforderliche „Ehereife" nicht gegeben gewesen, und es hätte ja auch solche Begründung wenig Wahrscheinlichkeit auf Anerkennung gehabt.[1] Für ihn, sein *subjektives* Gewissen, *war* seine erste Ehe wirklich eine Ehe gewesen, und es war somit seine Wiederheirat nach den objektiven Prinzipien der Moral ihm unter schwerer Sünde verboten, ist doch die Unauflöslichkeit einer Ehe eine Wahrheit des katholischen Glaubens.

Moraltheologisch ist schon noch ungeklärt, ob objektive Wahrheit sich immer als so einleuchtend und überzeugend einem Gewissen aufdrängt, daß dieses sich ihr nur subjektiv schwer schuldhaft verschließen könnte. Oder aber ob eine bestimmte Wahrheit nicht in jedem Fall und auf jedwede Art Entscheidung von solcher Qualität unbedingten Sichaufdrängens zu sein brauche, insofern sich vielleicht beispielsweise die Wahrheit von der Erlösung aller Menschen durch Christus einem Gewissen überzeugender aufdrängen würde als etwa die Wahrheit von der leiblichen Aufnahme Mariens in den

Himmel oder die Unauflöslichkeit einer Ehe. Moraltheologisch unbestritten ist ja, daß der konkrete Mensch immer weitgehend Produkt seiner Umwelt ist. Er steht – bis zu einem gewissen Grad zumindest – immer in Abhängigkeit von der geistigen Situation seiner Zeit. *Ist* aber der Mensch ein solches Produkt seiner Zeit und Umwelt und ist er von daher auch in Art und Fähigkeit einer echten existentiellen Werterfassung (die ja die Voraussetzung subjektiver Schuld ist) mehr oder weniger abhängig von dieser seiner Zeit, dann *gibt* es bei aller Wahrheit christlicher Prinzipien und der Notwendigkeit ihrer Wahrung individuell bedingte „causae excusantes a peccato formali". Wie theoretisch muß es *dann* bleiben, will man bei jemandem im konkreten Fall eine *subjektiv* schwere Schuld voraussetzen.
Was gesagt wurde, gilt grundsätzlich auch in unserem Fall. Jemand kann zwar begrifflich in seinem theoretischen Bewußtsein wissen, daß eine Ehescheidung unmöglich und darum eine zweite Ehe ungültig und unerlaubt ist. Ob er deshalb in jedem Fall jenes praktische sittliche Abwägungsvermögen hat, das grundsätzlich für eine subjektiv schwere Schuld, um sie zu begehen, erforderlich ist, das ist mit diesem theoretischen Wissen (wäre es selbst als gegeben vorausgesetzt) noch nicht ausgemacht. Sonst müßte in aller Eindeutigkeit jeder Katholik, der in einer ungültigen zweiten Ehe lebt, ganz konkret ein durch subjektiv schwere Schuld belasteter Todsünder sein. Dies jedoch zu wissen und sicher sagen zu können, hat die Kirche niemals für sich beansprucht, sondern die Entscheidung darüber immer dem alleinigen Gericht Gottes überlassen. Gleichwie, es sei für unseren Fall trotzdem vorausgesetzt, der Betreffende habe auf Grund seiner Wiederheirat subjektiv schwere Schuld auf sich geladen; eine Schuld, die er nun meint, nicht bereuen zu können, erlebt er doch jeden Tag das Positive an dieser seiner Schuld (nicht nur insofern sie ihm dies oder jenes Erfreuliche bringt, nein, auch moralisch), erfährt er sogar seine zweite Ehe als das, was ihn Gott näher gebracht hat. Denn – so sei es für unseren Fall vorausgesetzt – hatte er sich im Verlauf seiner ersten Ehe

weiter und immer weiter von Gott entfernt, wurde dies mit seiner Wiederheirat ganz anders: Harmonie, Liebe, seine zweite Frau, seine Kinder, die Sorge um die Familie, die Treue gegenüber seiner zweiten Frau (die er faktisch gegenüber seiner ersten nicht aufbrachte) usw. wandeln ihn um; Gott und der Wunsch nach einer Aussöhnung werden in ihm von Jahr zu Jahr mehr lebendig.
Dabei sei es keineswegs so, daß er nun glaubte, damit es zu solcher Umwandlung habe kommen können, sei seine Wiederheirat die *einzige* Möglichkeit gewesen. Dies jedoch erfährt er: Das *Nur*-Unrechte kann sie nicht gewesen sein. So daß, bedenkt er das Gute, das sie *auch* gewesen und immer noch ist, er sich fragt, wie denn von ihm zu erwarten sein solle, daß er sich von dem, was er getan, „distanziere", es bereue.
Hier stellt sich das Problem der Möglichkeit einer Reue gegenüber der culpa als einer *felix* culpa, einer seligen Schuld. „Selig", insofern Gott das Negative zu etwas Positivem hat auswachsen lassen, das heißt, was der Mensch falsch gemacht, zum Guten gewandt hat.
Es sei zunächst einmal von dem hier vorliegenden konkreten Fall einer felix culpa abgesehen, sondern das Problem ganz allgemein bedacht. Von welcher Seite ist es anzugehen? Von der Tatsache her, daß Schuld niemals *nur* Schuld ist. Nur wer sich dieser Tatsache bewußt ist, daß kein Böses als so böse gedacht werden könnte, daß nicht *in* ihm auch noch Gutes wäre, *aus* ihm Gutes werden, erwachsen, durch es bewirkt werden könnte, begreift wirklich die „felix culpa". Damit soll nicht gesagt sein, daß dieses oder jenes Gute, das entstand, nicht auch ohne Schuld hätte Wirklichkeit werden können. Gesagt soll allein sein, daß es *tatsächlich* durch Schuld wurde und daß es dann eine faktisch *so* gewordene Tatsache *bleibt*.
In einem letzten Verstand gesehen, hat also jede Schuld etwas von einer felix culpa an sich, einfach weil es keine Wirklichkeit der Schuld gibt, die nicht ein Gutes an sich trägt, aus sich entläßt und mit dieser objektiven Wirkung in der bestehenden Heilsordnung immer eingefügt bleibt in den seligen Ausgang der Heilsgeschichte (im ganzen), jenen Ausgang, der der

Geschichte der Schuld durch die Gnade Gottes geschenkt wird. Dies zu leugnen, zu glauben, es gebe ein absolut Böses, wäre Manichäismus. Meist freilich mag jeder bei diesem so aus der Schuld faktisch stammenden Guten leicht sehen können, daß es sich ebenso gut und besser auch ohne Schuld hätte verwirklichen lassen. Genauso aber kann es, und vielleicht sogar oft, der Fall sein, daß man nicht schon ohne weiteres sieht, wie – konkret und praktisch – dieses Gute auch ohne diese Schuld hätte verwirklicht werden können, wie z. B. konkret ein Fortschritt im gesellschaftlichen Leben usw. sich hätte durchsetzen können ohne die Gewalt, die auch Böses tut. Und das wäre dann eben einer jener Fälle, wo sich das Problem der Reue gegenüber einer solchen felix culpa stellen würde.

Aber zunächst nochmals eine Vorfrage: Wieso darf man überhaupt von einer Schuld als einer *seligen* Schuld sprechen, ist doch Schuld in jedem Fall das uns Verbotene, etwas auch, für das wir die Verantwortung, die uns dafür trifft, nicht Gott zuschieben dürfen? Gewiß dürfen wir sie Gott nicht zuschieben. Und doch, ER hat Schuld zugelassen, er, der sie (und zwar ohne unsere Freiheit aufzuheben) hätte verhindern können. ER, dem sie in seiner Welt schließlich nicht einfach wider Erwarten passierte, so daß er gleichsam erstaunt dabeistünde wie jemand, dem sein Werk entgegen seinen gutgemeinten Absichten mißglückt wäre. Wir haben keine andere Erklärung dafür, als daß Gott deshalb Sünde in seine Welt hinein-*gelassen* hat (bei Gott ist auch „Lassen“ ein Tun, für das er einen Grund hat, mag dieser auch für uns unbegreiflich sein), weil und insofern Gott schon auf seine Liebe auch noch zum Sünder blickte, diese Liebe, die am Kreuze Christi wirksam geworden ist. Denn so mächtig ist das Kreuz Christi in seiner Liebe, die es bezeugt, daß es einen Vergebungswillen Gottes schon im voraus zu unserer Reue bedeutet und bewirkt (einer Reue, in der dann freilich dieser Vergebungswille zu seiner uns wandelnden Auswirkung kommt). Und nur deshalb ist es, daß wir Sünde nicht mehr als ein unaufhebbares Hindernis zwischen IHM und uns betrachten müssen, eben weil Christus

sie auf sich genommen, den Menschen, obwohl ein Sünder, angenommen hat.
Schon um *dieser* Liebe Gottes wegen *dürfen* wir Sünde, die einmal begangen wurde, eine *felix* culpa nennen (dürfen von daher Gott dafür dankbar sein), da nämlich ER sie wirklich dadurch *verantwortet* hat, daß ER sie uns vergab in der sie auslöschenden Liebe seines Sohnes am Kreuz. So wahr dabei auch bleibt, daß diese Vergebung Gottes vom Menschen in Reue angenommen werden muß, soll sie sein Heil werden, und daß dieselbe Gnade Gottes diese freie Reue schenkt und schenken muß, soll sie Ereignis werden.[2]
In unserem konkreten Fall kann jener dankbar sein, der das zweite Mal geheiratet hatte, da Gott ihm zum Guten gewandt hat, was er mit seiner Wiederheirat an Schuld auf sich geladen hat. Aber hat er darum schon zu Gott zurückgefunden, wo er doch sagt, er könne diese seine Schuld nicht bereuen, nicht sich von ihr distanzieren? Da wäre zunächst einmal zu fragen, was man sich überhaupt unter „Reue" vorzustellen habe? Jedenfalls nicht so eine Art instinktives Bedauern oder Sichbedrückt-Fühlen, wie es jemand hat, dem „bedauerlicherweise" die Dinge danebengegangen sind. Wer bereut, ändert sein Leben, distanziert sich von der *Haltung,* in der er getan hatte, was er bereut. Reue ist Wandlung! Nun wurde aber gesagt, jener, um den es hier geht, *habe* sich gewandelt, sei mit seiner Wiederheirat auch moralisch (in Haltung und Gesinnung also) ein anderer geworden. *Wäre* dies aber Reue, *wäre* seine faktische Wandlung schon genug Reue, warum sagt er dann, er *wisse* einfach nicht, wie zu bereuen, was er getan habe? Weil es ja gerade in diesem Fall mit zum Problem der felix culpa gehört, daß man ihr Ineinander von Gut und Böse nicht trennen, das eine vom anderen nicht unterscheiden, dieses Knäuel von Erlaubtem und Nichtseinsollendem nicht entwirren kann. Schon beim Entschluß zur zweiten Ehe hat er sich ja z. B. nach einer guten Ehe gesehnt, nach Stabilität seines Lebens, nach Kindern, für die er sorgen könne usw.; er hatte mit anderen Worten schon, als er sich zur Ehe entschloß, auch

gute Motive gehabt. Und er ist *in* dieser zweiten Ehe (auch moralisch) faktisch ein anderer geworden.
Und ist sie nicht als solches Ineinander von Gut und Böse immer die *eine* Tat? Ist sie nicht immer in das Ganze eines Lebens, seiner Haltungen und Einstellungen eingefügt, so daß sie auch von diesem Ganzen her bestimmt wird? Und schließlich, man steckt ja „drin“ in seiner Tat als der, der sie getan hat. Von sich selber aber kommt man nie einfach ganz weg, man kann sich nicht als der, der man ist, in einer Bilanz „verrechnen“. Denn eine solche Rechnung, die man aufstellte, wäre ja selber wieder ein Stück, in dem man würde und weitermachte, und dies wiederum, ohne daß man sich reflex sagen könnte, *was* dabei in einem würde oder geworden sei. Wer z. B. nachträglich feststellen wollte, was an Motiven ihn zu dieser oder jener an sich durchaus *guten* und *uneigennützigen* Tat bewogen habe, der würde sich wahrscheinlich wundern müssen, was alles er in sich entdeckte, was an keineswegs schon guten und uneigennützigen Motiven ihm *auch* Antrieb gewesen war. Kann er das aber jetzt nachträglich gefühlsmäßig in aller Heftigkeit bereuen? Und wäre das überhaupt notwendig? Wäre mehr notwendig, als daß er sich sagte, insofern Motive, die eigentlich nicht hätten sein dürfen, mitgespielt, sein Handeln mitbestimmt hatten, sei ihm das selbstverständlich leid? Dafür ist aber nicht Voraussetzung, daß er (wie in einem Reagenzgläschen säuberlich voneinander geschieden) feststellen könnte: Dies war an meiner Tat das menschlich Zweifelhafte, dies daran das Positive.
Ist es aber nicht bei dieser zweiten Ehe *ähnlich,* wenn auch insofern der Fall anders liegt, als es sich dabei um etwas objektiv Unrichtiges handelt? Ähnlich, weil auch hier richtige und falsche Motive unlöslich miteinander verknäuelt sind? Je mehr aber diese beiden Seiten miteinander verwachsen sind, umso weniger lassen sie sich nachträglich auseinanderbringen. Es bleibt dem Betreffenden dann nur, die Dinge auf sich beruhen zu lassen, mit diesem Recht und auch der Pflicht zu glauben und zu hoffen, daß bei aller Schuld, die es gewesen, es dennoch eine selige Schuld war, eine felix culpa, für die im

letzten (im allerletzten!) Gott selber die Verantwortung trägt. War er es doch gewesen, der die Voraussetzungen dafür geschaffen hatte, und hat doch sein Sohn die Last aller Sünder, die sich ihm zuwenden, auf sich genommen und getragen. Wieso und warum? Wir begreifen es nicht. Aber seien wir doch froh, daß es Dinge gibt, die über unser Begreifen gehen! Schrecklich wäre, könnten wir alles begreifen, müßten wir geheimnislos unser Leben leben. Nur wer intellektuell absolut – also letztlich Gott – sein will, kann wirklich meinen, er müsse alles als durchschaubar begreifen. Wer aber auch in seiner Metaphysik bleibt, was er ist: der hinfällige Mensch, der wehrt sich gegen eine Metaphysik, die monomanisch alles von einer Einsicht her ableiten und vereinen will, die man selber durchschauend besitzt und die darum als nicht existierend erklärt, was man auf diese Weise nicht ergreifen kann: entweder die Freiheit oder die Schuld oder Gott als der unendlich Gute.

Ist es also letztlich immer Gott selber, der die Verantwortung trägt, und kann auch nur er allein letzte Verantwortung tragen, und hat er sich vorbehalten, sie zu tragen; ist ER es, der den Menschen in der Hand hat (und nicht der Mensch sich); ist es somit auch an IHM, das letzte Wort zu sprechen, *dann* kann der Mensch immer nur – und das soll er wirklich! – mit der ganzen Kraft seines Herzens, seines Willens und seiner Entscheidung sich Gott zuwenden, zu seiner Liebe, zu seinem Erbarmen. Solche Zuwendung (in dieser schlichten Überzeugung, daß Gott mehr ist als wir und auch auf unseren krummen Linien immer noch gerade schreiben kann) ist echter und wahrhaftiger als diese höllische Analyse in Gut und Böse, denn in dieser Zuwendung ist alles enthalten und gegeben, was an und für sich in einer *Reue* geleistet und als Bedingung der Möglichkeit, zu Gott hinzufinden, bei Gott anzukommen, verlangt wird.

Damit ist natürlich das ganze Problem einer solchen zweiten Ehe noch nicht gelöst. Das war auch gar nicht beabsichtigt. Hier sollte es allein um die Frage der *Reue* gehen, die sich der *Vergangenheit* zuwendet, nicht um die Frage, was der Betreffende in der Gegenwart und für die Zukunft hinsichtlich seiner zweiten Ehe zu tun habe. Darum geht es hier nicht. Es wäre sehr viel und sehr Gewichtiges dazu zu sagen, zumal die Fälle ja sehr verschieden gelagert sind (so daß beispielsweise gar nicht in allen Fällen die Aufhebung des äußeren Lebens verlangt werden müßte), die christliche Moral also je nach Fall sehr differenziert zu entscheiden hätte. Aber darum, wie gesagt, ging es hier nicht. Hier war nur wichtig die Frage der Reue, welcher Art sie gegenüber der Vergangenheit zu sein habe, welche konkrete Gestalt sie annehmen dürfe gegenüber einer Wirklichkeit, in der schon – im voraus zur Reue – Gottes Erbarmen greifbar und sichtbar die Schuld schon zum Guten für den Betreffenden gewendet hat. Weil es diese Frage gibt, haben wir sie hier behandelt, auch wenn damit nicht schon die ganze Frage einer solchen zweiten ungültigen Ehe beantwortet ist.

Protest des Ordinariats

Das Büchlein „Die Vierzehn Stationen . . .“ wurde von mir dem Verlag Butzon & Bercker zur Veröffentlichung angeboten. Wie es zu der Zeit noch üblich war, bestand der Verlag auf einem Imprimatur, und ich hatte daher die Fahnenabzüge dem Bischöflichen Ordinariat in Münster vorgelegt. Diese wurden (28. 11. 1964) mit dem Bemerken zurückgeschickt, „in dem Abschnitt III sei geradezu eine Empfehlung für Geschiedene enthalten, auch ohne Ungültigkeitserklärung ihrer ersten Ehe wieder zu heiraten. Für ein Imprimatur sei daher eine Änderung erforderlich. Und wenn schon im Titelblatt von einem Beitrag von Karl Rahner die Rede sei, müsse dieser Beitrag auch im Text deutlich als solcher erkennbar sein.“ gez. Böggering, Generalvikar.

Am 12. Dezember 1964 schrieb mir Rahner: „. . . ich habe das 3. und 8. Kapitel (auch das achte war beanstandet worden) Ihres ‚Kreuzwegs‘ gelesen. . . . Was das 3. Kapitel angeht: Sie verteidigen doch den Ehebruch nicht, Sie erklären ihn ausdrücklich für Sünde, Sie sagen deutlich, daß man die Sünde nicht vorher, d. h. vor der Tat, einkalkulieren könne. Sie reden also von dem Fall, daß eine Sünde faktisch schon begangen ist, und behandeln das schwierige, aber in der Praxis sehr oft vorkommende Problem (ich habe in meiner nächsten Verwandtschaft einen solchen Fall), was man hinsichtlich der Reue sagen soll, die ein solcher Sünder beim besten Willen nicht aufzubringen meint. In solchen Fällen gibt es nun einmal eine felix culpa in einem sehr konkreten Sinn, und daraus entspringt ja gerade die Frage, die Sie behandeln. Und ich sehe nicht, was in Ihrer Antwort dazu falsch sein solle."

Im Schreiben des Ordinariats (24. 12. 1964) heißt es, solange Kapitel 3 nicht überarbeitet wird, sei es nicht möglich, das Imprimatur zu erteilen. Entweder handle es sich um eine ungültige Ehe, die keine Ehe ist, oder es handle sich um eine gültige Ehe, die bei Getauften stets ein Sakrament sei und deswegen niemals „in jeder Weise ein Unglück" sein könne. „Selbst wenn sie menschlich gesehen unglücklich ist, sollen die Betreffenden nach Gottes Willen dieses Kreuz auf sich nehmen. ... Gerade in solchen Fällen pflegt sich Satan als Engel des Lichts zu kleiden. Von *felix culpa* kann erst rückschauend die Rede sein, wenn die Gnade die Schuld überwunden hat. Solange aber die Culpa noch besteht, und das ist ja bei einer ungültigen Ehe der Fall, kann das Ende die Verwerfung sein, selbst wenn einiges Positives aus dieser ungültigen Ehe gewachsen sein sollte. ... Hinsichtlich der Unauflöslichkeit der sakramental vollzogenen Ehe macht die Kirche *keine* Ausnahmen."

Günstig für mich war, daß Rahner durch einen eigenen Beitrag von der Verweigerung eines Imprimaturs mitbetroffen war, so daß er sich mit gleichsam gutem Recht in die Sache einschalten konnte. Er schrieb Zusätze zu dem bisherigen Text und erklärte am Schluß der mir von ihm vorgeschlagenen neuen Fassung, daß es hier nur um das Problem der Möglichkeit einer Reue gehe (17. 1. 1965). „... Im Protest des Ordinariats stecken aber die Vermutung und der Argwohn,

man wolle einfach die Fortsetzung der Ehe als auch objektiv moralisch gerechtfertigt erklären. Ob man das u. U. kann oder nicht, das ist nochmals eine andere Frage."
25. 1. 1965: „. . . Damit wir die Sache durchbringen (was die Hauptsache ist), habe ich darauf verzichtet, in eine Polemik gegen das Münsterische Gutachten gegen den alten Text einzutreten.

Exzellenz, Hochwürdigster Herr Bischof! 25. 1. 1965
Es sei mir gestattet, mich in einer Angelegenheit unmittelbar an E. Exzellenz zu wenden, die das Hochwürdige Ordinariat von Münster A. Z. 402/2-310/64 behandelt hat. . . .
Ich will mich nun nicht in eine Auseinandersetzung darüber auslassen, ob der *bisher* vorgelegte Text des dritten Kapitels des kleinen Buches, der zu Beanstandungen geführt hat, mit Recht oder Unrecht zu dieser Beanstandung von seiten des Generalvikariats geführt hat. Jedenfalls legt nun Frau Röper einen ganz erheblich umgestalteten und neuen Text vor, wenn auch das bisherige Thema bleibt. . . . Er behandelt ein Thema, das es nun einmal gibt und nicht aus der Welt geschafft wird, wenn man es nicht sehen will. . . . Ich finde es also pastoraltheologisch durchaus sinnvoll und wichtig, wenn dieses Thema behandelt wird: die Möglichkeit der Reue, deren genügende Gestalt in einem Fall, wo aus der Sünde (die als wirklich gegeben vorausgesetzt und nicht verharmlost wird) menschlich und auch religiös gute Wirkungen hervorgegangen sind. . . . Ein Zensor muß sich nur einmal in die Situation eines Sterbenden hineindenken, den der Priester zur Reue über eine zweite ungültige Ehe bringen soll, die sein ganzes Lebensglück war und ihn faktisch zu einem reifen religiösen Menschen gemacht hat. Ob das für uns sehr angenehm ist oder nicht: solche Fälle gibt es. . . . welcher Seelsorger mit ein wenig realer Erfahrung hat es nicht schon erlebt, wie schwer es ist, einem solchen Menschen verständlich zu machen, wie er diese Ehe ‚bereuen' kann und soll. . . ."

Die kirchliche Druckerlaubnis wurde erteilt. Rahner war voll im Einsatz gewesen. Nicht wegen seines kleinen Beitrags, die Sache selbst – ein „sehr reales Problem des Alltags“, wie er es genannt hatte (17. 1. 1965) – war ihm, dem Seelsorger, wichtig: Hoffnung für alle.

Anmerkungen

1 Vgl. J. Rudin: Kommentare, Reife zur Ehe oder zum Priestertum: „Orientierung“, Kath. Blätter für weltanschauliche Information, 15. 10. 1964: „Es ist für manche kirchliche Behörden schwierig, diese Begründung zu verstehen und als stichhaltig anzunehmen. Sind denn heute die jungen Menschen nicht viel besser unterrichtet und aufgeklärt über das Wesen der Ehe und alle damit zusammenhängenden Fragen, als frühere Generationen es je waren? . . . Man ist heute allzu leicht geneigt, bei der Beurteilung der persönlichen Reife das Verstandeswissen und die Freiheit des Willens zu überschätzen.“

2 Vgl. Schäfer (Pseudonym für Anita Röper), „Es ist Licht genug“, Tyrolia-Verlag 1959, S. 170ff.

WAS IST EIGENTLICH „OBJEKTIVE SCHULD“?

Überall in der Moraltheologie unterscheidet man zwischen „objektiver“ und „subjektiver“ Schuld. Dabei hat man zunächst den Eindruck, daß es nichts Selbstverständlicheres gebe als diese Unterscheidung: Jeder muß nach seinem Gewissen handeln, dieses ist die unmittelbare Norm der Sittlichkeit eines einzelnen, die unüberspringbar ist. Dieses Gewissen aber kann irren, falsch über das urteilen, was je jetzt zu tun ist. Wird nach diesem irrigen, aber hier und jetzt unüberwindlich irrigen Gewissen gehandelt, so ist keine Schuld gegeben, für die der Handelnde verantwortlich gemacht werden könnte, die ihn des Heils, der Gnade verlustig gehen ließe. Und doch ist die Handlung den Normen der Wirklichkeit widersprechend. Gibt es also das Phänomen des schuldlos irrigen Gewissens und der diesem folgenden Tat, dann gibt es den Unterschied zwischen der bloß objektiven Schuld und der (eigentlichen, anrechenbaren) subjektiven Schuld. Und diese Unterscheidung scheint dann auch durchaus dafür geeignet zu sein, der Wirklichkeit des Lebens gerecht zu werden. Man kann den einzelnen und seine Tat in sehr vielen Fällen entschuldigen und doch die Verpflichtung eines allgemeinen, für alle gültigen Sittengesetzes aufrechterhalten.

In Wirklichkeit aber ist es gar nicht klar, was eigentlich und genau objektive Schuld ist. Man kann sie als *bloß* objektive Schuld beschreiben als das durch schuldlosen Irrtum oder durch Fehlen der nötigen Freiheit gegebene Abweichen einer Handlung von objektiven, durch die Handlung zu realisierenden Normen, die für sie gültig wären, ohne daß eine eigentliche, der Verantwortung der Freiheit zuzulastende Schuld und Strafe aus dieser Handlung erfolgt. Aber es ist die Frage, ob man durch diese formale „Definition“ das Wesen der (bloß) objektiven Schuld wirklich trifft.

Im Unterschied zur traditionellen Lehre sagen wir nun: Nicht weil es denen, die gegen die objektiven Normen verstoßen, in der Mehrzahl der Fälle an Kenntnis und Freiheit gegenüber einem für sie selbst aktuell bestehenden Wert fehlt, handelt es sich bei ihnen um eine bloß objektive Schuld, sondern weil ihr sittliches Bewußtsein (noch) nicht den Entwicklungsstand erreicht hat, der diesem bestimmten sittlichen Wert und den in ihm enthaltenen Normen zugeordnet ist. Und insofern der oder die Betreffenden noch nicht so weit sind, um diesen oder diese bestimmten Werte als aktuell verpflichtend in ihrer eigenen Grunderfahrung an sich selbst erfahren zu können, insofern bedeutet ein Verstoß dagegen keine ihnen anrechenbare, ihr Heil zerstörende Schuld.

Dabei ist natürlich klar, daß mit dem, was hier zum Wesen der „objektiven Schuld" gesagt wird, *nicht* geleugnet wird, daß es dennoch in der Geschichte des einzelnen und der Gruppen wirkliche, also subjektive Schuld und nicht nur das „sogenannte Böse" gibt. Es ist natürlich ebenso klar, daß es einen Punkt in der sittlich realen Entwicklung eines Menschen oder einer Gruppe geben kann, an dem (wenn auch nicht der verpflichtende Wert als solcher) die verpflichtende Kraft einer Autorität wirklich realisiert werden kann, und daß auf diesem Weg das von dieser Autorität Vertretene und Befohlene auch für denjenigen eine sittliche Bedeutung erhalten kann, der in seiner Entwicklung noch nicht (oder bei einer rückläufigen Entwicklung nicht mehr) so weit ist, den objektiven Wert und die innere sittliche Verpflichtung des so Befohlenen zu ergreifen.

Nach dem Gesagten muß es somit etwas geben, das einen Tatbestand, der objektiv nicht sein sollte, einerseits zu keiner persönlich anlastbaren Schuld werden läßt, ihn aber anderseits als etwas, das „an sich" nicht sein „sollte", bestehen läßt. Dieses Etwas, das zwischen einem Tatbestand liegt, der keine Schuld ist, obwohl er an sich nicht sein sollte, und einem Tatbestand, der Schuld *ist*, ist das eigentliche, richtig verstandene Wesen der bloß „objektiven Schuld": der Abstand nämlich, der zwischen einem noch nicht erreichten (aber verpflichtend anzustrebenden) Punkt sittlicher Entwicklung des Betreffenden selbst und den *diesem* Punkt entsprechenden Nor-

men auf der einen Seite und anderseits dem faktisch erreichten Entwicklungsstand und den *ihm* entsprechenden Normen liegt. Anders gesagt: Eine bloß objektive Schuld (also Nicht-Schuld) liegt dort vor, wo die individuelle oder kollektive sittliche Entwicklung noch nicht zu dem Punkt gelangt ist, der durch diejenige Norm markiert ist, von der die bestimmte Tat – „objektive Schuld" genannt – abweicht.
Frage: Kann dies auch ein Punkt sein, den man schon *kennt* (die allgemeine Abrüstung zum Beispiel), dessen „Verletzung" aber trotzdem eine bloß objektive Schuld bedeutet? Es kann (wenn und insofern man individual- und kollektivgeschichtlich noch nicht so weit ist) dies ein solcher Punkt sein, den man schon kennt, allerdings muß man dabei wissen, daß man einmal so weit kommen *muß*.
Natürlich kann es im Einzelfall schwer zu beurteilen sein, ob man aus diesem Wissen heraus diesen Punkt seiner Entwicklung schon erreicht haben müßte oder aber trotz solchen Wissens ganz legitimerweise feststellt, so weit noch nicht zu sein, und daher auch nicht zu mehr verpflichtet ist, als sich auf diesen Punkt hinzubewegen. Auf dem *positiven* Gebiet des Sittlichen, zum Beispiel hinsichtlich der Verwirklichung vollkommener Gottesliebe (einer Liebe, die Gott aus ganzer Seele, mit ganzem Herzen, in jeder Tat seines Lebens liebt), wird ja von der Moraltheologie als legitim eindeutig zugegeben, daß man solche Liebe noch nicht fertigbringen *kann,* dabei aber *weiß,* daß man es können müßte. Damit aber, daß die Kirche die Nichtverwirklichung der *vollkommenen* Gottesliebe an keiner Stelle ihres Sündenkatalogs als subjektive Schuld bezeichnet, sondern als Grund solchen Noch-nicht-Könnens den faktischen sittlichen Entwicklungsstand nennt, bestätigt sie doch als eindeutig richtig, was hier über das Wesen der bloß „objektiven Schuld" gesagt wurde. Freilich geschieht solche Bestätigung nicht ausdrücklich, immerhin wird aber keinem als subjektive Schuld angerechnet, wenn er Gott nicht vollkommen liebt, obwohl er doch (wie die Kirche ja auch sagt) zu einer solchen Liebe aus ganzem Herzen kommen *muß* und dieses Müssen die eine „Pflicht" seines Lebens darstellt.

Will Gott „objektive Schuld?“

Die Unterscheidung zwischen subjektiver und objektiver Schuld, das dürfte klar geworden sein, soll nicht in Frage gestellt werden. Nur fragt es sich, wie bei diesem traditionellen Satz von der Möglichkeit einer bloß objektiven Schuld der Sinn des Wortes „objektive Schuld“ *genau* zu verstehen ist.

Die (bloß) „objektive Schuld“ sei etwas, das Gott nicht will, das er zu tun verboten hat, das aber dann doch so geschieht (unfrei oder in Unkenntnis), daß es dem Täter subjektiv nicht anrechenbar ist: Nach diesem üblichen Verständnis werden somit der objektive Tatbestand und die Weise unterschieden, in der jener verwirklicht wird. Das Geschehene als solches aber ist bei diesem üblichen Verständnis in jedem Fall gegen Gottes Willen, von ihm zwar zugelassen, positiv gewollt aber nicht. Dieses Verständnis der objektiven Schuld setzt ein objektives Geschehnis voraus, das von der subjektiven Tat zu unterscheiden ist. Gegen dieses von der subjektiven Tat Verschiedene aber richte sich der sittlich verbietende Wille Gottes. Und weil dieser bestimmte Tatbestand gegen Gottes Willen ist, *darum* sei es auch gegen seinen Willen, daß der Mensch ihn frei verwirkliche.

Dafür ein Beispiel: Angenommen, ein Geisteskranker tötet seinen Arzt; eine Tat, die in solchem Fall subjektiv nicht anrechenbar ist, die aber *gegen* Gottes Willen und damit auch *Schuld* wäre, würde sie frei verwirklicht. Frage: Ist die Tat selbst auch in diesem konkreten Fall vorliegender Geisteskrankheit, die sie zur bloß „objektiven Schuld“ macht, wirklich gegen Gottes Willen? Hat Gott den Tod des Arztes wie auch den Vorgang des Tötens selbst wirklich bloß „zugelassen“, aber nicht positiv gewollt? Es handelt sich doch bei solcher Tötung, die nur „objektive Schuld“ sein soll, um den gleichen Sachverhalt, wie er dort gegeben ist, wo jemand durch irgendeine äußere Ursache, einen Steinschlag zum Beispiel, ums Leben kommt. Warum sollte aber der durch einen Steinschlag verursachte Tod von Gott positiv gewollt, dagegen jener andere nur „zugelassen“ sein? Warum sollte sich Gott (in der souveränen Verfügung über das menschliche

Leben) nicht in der gleichen Weise eines Geisteskranken „bedienen“ dürfen, wie er sich der Bakterien, der Viren, eines Blitzes usw. bedient?

Was bedeutet dann „objektive Schuld“? Ist sie insofern eine solche, als es sich bei ihr um Dinge handelt, die dann, *wenn* sie frei begangen würden, gegen Gottes Willen und damit Gegenstand subjektiver Schuld wären, die aber *an sich* nicht von Gott verboten sind, die er nur als Gegenstand des freien Tuns eines Menschen verbietet? Wenn aber an den Dingen selber (an der Tötung des Arztes) nichts ist, das Gott verbietet, wenn der Grund seines Verbots *allein* im subjektiv *freien* Akt zu suchen ist, wie kann dann beim *Geisteskranken,* bei dem diese Freiheit ausscheidet, insofern von „objektiver Schuld“ die Rede sein, als es sich bei dieser vom Wort her um etwas handelt, das Gott „nicht will“, sondern nur „zuläßt“? Wenn es sich aber bei der „objektiven Schuld“ um einen Tatbestand handelt, der *nur* als freier Akt gegen Gottes Willen ist, in sich selbst, objektiv aber nicht, was bedeutet dann die Unterscheidung zwischen objektiver und subjektiver Schuld, die es doch geben soll? Oder gibt es sie zwar, muß sie nur anders verstanden werden, als es üblicherweise geschieht? Denn wie kann die „objektive Schuld“ ernsthaft für etwas gehalten werden, das gegen Gottes Willen besteht, das er nur „zuläßt“, positiv aber nicht will?

Hier stoßen wir auf das sehr schwierige Problem der Unterscheidung zwischen einem bloßen Zulassen Gottes und seinem positiven Wollen. Eine Schwierigkeit, die es schon darum gibt, weil es bei Gott im Gegensatz zum Menschen nichts geben kann, das schlechthin *gegen* seinen Willen besteht. Eine Unterscheidung hat, wenn überhaupt, nur dort einen Sinn, wo es sich um die Freiheit (und die *dazu* notwendige Erkenntnis) handelt. Tatbestände in der Welt als bloß „zugelassen“ zu bezeichnen, die von vornherein außerhalb dieser Zone wissender Freiheit stehen, hat keinen Sinn. Vorgänge, die in den Bereich des deterministisch ablaufenden Naturzusammenhangs hineingehören, können nur als von Gott gewollt gedacht werden, weil sie sonst einfach nicht wären. Und in diesen Bereich gehört auch noch die „objektive Schuld", weil sie ja per definitionem keine Freiheit besagt, die auf ein sittlich Böses gerichtet ist, da sie entweder überhaupt nicht gegeben ist oder das sittlich Böse (wegen des Irrtums) nicht als solches für die Freiheit gegeben ist, diese selbst also hinsichtlich dieses bestimmten Bösen fehlt. Vom bloßen „Zulassen" (wie bei der subjektiv falschen Freiheitsentscheidung des Menschen) kann also bei der „objektiven Schuld" nicht die Rede sein. Damit aber kann sie nicht etwas sein, das gegen Gottes Willen besteht, das er nur „zuläßt", positiv aber nicht will.

Wir kommen zurück auf das, was vom Wesen der bloß „objektiven Schuld" hinsichtlich der Nichtverwirklichung der *vollkommenen* Gottesliebe gesagt wurde: daß es keinem als subjektive Schuld angerechnet wird, wenn er Gott nicht vollkommen liebt, noch nicht vollkommen lieben kann, und daß als Grund für solches Nochnichtkönnen der faktisch gegebene sittliche Entwicklungsstand zu nennen ist; daß es sich somit um keine persönliche, das Heil zerstörende Schuld handelt, eine Theorie, die kirchenamtlich nicht eindeutig vorgetragen wird.

Nun mag es darauf auch nicht eigentlich ankommen. Und doch wäre es gut, würde diese Theorie eindeutig bestätigt und auch da angewendet, wo es sich nicht nur um größere oder geringere Vollkommenheit, größere oder geringere Verwirklichung der Gottesliebe handelt, sondern um Verstöße gegen die objektive Moral, die aber aus den dargelegten Gründen keine subjektive, sondern nur eine „objektive Schuld" bedeuten. Denn damit hätte man die Differenz zwischen objektiver und subjektiver Moral wenigstens insoweit erklärt, als der darin auftretende Widerspruch zur objektiven Moral nicht immer auf die böse Freiheit der Menschen zurückgeführt werden müßte. Man könnte ihn als eben *die* Differenz erklären, die zwischen dem „hier und jetzt" faktisch gegebenen (individuellen und kollektiven) sittlichen Entwicklungsstand besteht und jenem Entwicklungsstand, der zunächst noch anzustreben ist, dem sittliche Werte zugeordnet sind, die als solche hier und jetzt konkret nicht erfaßt sind, auch wenn sie begrifflich vielleicht schon verkündet werden. Werte, die aber, *weil* sie als solche noch nicht erfaßt, noch nicht aktuell sind, noch nicht aktuell verpflichten, dies auch dann nicht, wenn man unter der Verkündigung dieser Werte steht, sie also und die in ihnen enthaltenen Forderungen *„theoretisch"* schon kennt; d. h., wenn man schon so weit ist, Werte, die mit oder auf Grund des fortgeschrittenen konkret geschichtlichen sittlichen Entwicklungsstandes bestehen, auch schon begrifflich formulieren kann, unabhängig davon, ob sie einen gewissensmäßig wirklich schon anfordern oder nicht.

Die Auffassung vom Wesen der „objektiven Schuld" könnte falsch verstanden werden, die Möglichkeit, daß es sich bei Verstößen gegen die objektive Moral (aus den dargelegten Gründen) um keine subjektive, sondern nur eine „objektive Schuld" handelt, könnte als Leichtfertigkeit ausgelegt werden, welche Schuld nicht wirklich ernstnimmt; die den faktischen Zustand der Welt mit all ihren Greueln, Grausamkeiten und Verirrungen verharmlost. So kann jedoch nur jemand denken, der nicht begreift, daß die „objektive Schuld", wie wir sie verstehen, weder aufs Ganze noch auf den Einzelnen gesehen, ein sicheres Urteil darüber zuläßt, ob es sich in einem bestimmten konkreten Fall um wirkliche Schuld oder bloß objektive Schuld, also Nichtschuld, handelt. Es ist klar, daß in der konkreten Geschichte individueller und kollektiver Art wirkliche und bloß objektive Schuld nie durch den nachträglichen Beobachter und Kritiker reinlich geschieden werden können. Immer muß zumindest damit gerechnet werden, daß es sich um subjektive Schuld handeln *kann,* insofern man (individual- und kollektivgeschichtlich) nicht tat, was man hätte tun können: die sittliche Entwicklung in Bewegung zu halten, sie vorwärts zu bringen, ihrer im einen oder anderen sittlichen Bereich vielleicht gegebenen Rückläufigkeit ein Halt entgegenzusetzen.

Läßt man also die Möglichkeit subjektiver Schuld wirklich offen, was spricht dann dagegen zu sagen, *vieles,* was sich in der Welt an Finsternis, Verirrung und Grausamkeit vorfindet, sei insofern bloß „objektive Schuld“, als es zu dem gehört, was als vorläufige Entwicklungsphase angesehen werden darf und was letztlich aus derselben Kategorie der Wirklichkeiten herkommt wie die Grausamkeit der Natur, die Tücke der Krankheit, der erbarmungslose Kampf ums Dasein? Wem das nicht genügt, der sollte bedenken, daß das Evangelium dem Christen nicht nur erlaubt, sondern gebietet, alles zu erhoffen. Wenn wir für alle das ewige Leben erhoffen, dann müssen wir auch für alle hoffen, daß ihr gelebtes Leben moralisch nicht so miserabel ist, wie es zu sein scheint.

Will man aber diese Hoffnung für alle legitimieren mit Berufung darauf, daß sehr vieles in der Welt eben doch nur „objektive Schuld“ sei, dann muß man diese auch so interpretieren, daß durch diese Berufung Gott nicht zum Schuldigen gemacht wird, der gräßlich viel „zuläßt“, was gar nicht sein sollte, in *dem* Augenblick *schon* nicht sein sollte, in dem es getan wird. Jedenfalls scheint Rahner diese Einschätzung des sittlichen Zustandes der Welt christlicher zu sein als die Annahme, das meiste an objektiver Schuld, das man in der Welt erfährt, sei ein sicheres Zeichen dafür, daß es genauso viel oder noch mehr an subjektiver Schuld gibt. Sicher hat keiner das Recht zu einer Aussage, die auch nur annähernd ein Urteil darüber sein will, wie die Welt vor Gott dasteht, ob oder wo „objektive Schuld“ die geschichtliche Leibhaftigkeit *wirklicher* Schuld ist oder aber nur eine vor-sittliche Wirklichkeit, mit der Gefahr allerdings, daß daraus subjektive Schuld werden kann. Sicher kann ein Urteil nur darin bestehen, beides, objektive und subjektive Schuld, als Möglichkeit anzunehmen. Das christliche Empfinden täte gut daran, von der Erfahrung der Welt her zwar alles zu fürchten, aber gleichzeitig auch alles zu erhoffen und in dieser unaufhebbaren Dialektik das charakteristische Merkmal christlichen Selbstverständnisses zu sehen. „Als Mensch, der ich verpflichtet bin, die anderen bis zum letzten zu lieben, habe ich auch die heilige Pflicht, für alle zu hoffen, und nur deswegen habe ich auch das Recht, für mich, den armen und primitiven Sünder, zu hoffen!“ (Glaube in winterlicher Zeit)

VOM BEICHTEN

Woher kommt es, daß gegenwärtig die Beichte als solche (was die Praxis angeht) zunehmend in Frage gestellt wird? Die Gegenwart ist nicht zuletzt im Licht der Vergangenheit zu sehen. Wie verhielt es sich in der Vergangenheit mit der Beichte? Ist in der Beichtpraxis und -moral, die heutige Christen zum Teil noch erlebten, ein Grund für die absinkende Beichttätigkeit zu sehen?

Es ist Samstag und damit Beichttag. Pfarrer und Kapläne jeder größeren Pfarrei haben mit Beichthören vollauf zu tun. Die wöchentliche Beichte ist für Kinder wie Erwachsene nichts Ungewöhnliches, für die, welche am Sonntag kommunizieren, ist sie als Vorbereitung darauf mehr oder weniger selbstverständlich. Am Vorabend eines kirchlichen Festes stehen Schlangen von Wartenden vor den Beichtstühlen. Besonders vor den Ostertagen entledigt man sich gern der kirchlichen Verpflichtung, „mindestens einmal im Jahr die Sakramente zu empfangen", was man – und zwar unabhängig vom Vorhandensein einer schweren Sünde – zu Ostern erfüllte.

Massenbeichten, die sich allerdings in der Regel sehr schnell bewältigen ließen. Der „Beichtspiegel" wurde mechanisch heruntergesagt, ohne viel Unterscheidung vom Banalen und Wichtigen, objektiv und subjektiv Sündhaften. Und zwar nach dem Prinzip, lieber die Dinge schlimmer machen, als sie waren, lieber zu viel als zu wenig beichten, lieber aus einer leichten eine schwere Sünde machen, dann ist man „für alle Fälle" gegenüber Gott abgesichert. Sünden galten ja als objektiv meßbar, und als objektiver Maßstab bot sich dem Beichtenden der „Beichtspiegel" an, der die Sünden gleichsam katalogisierte. Eine traditionelle Moral, die die Vergangenheit bestimmte, ohne die das Heute nicht wäre, was und wie es ist: ein eindeutiger Rückgang der Beichten.

Wobei, was gesagt wurde, keine Aussage für den einzelnen ist. Einzelne oder auch viele einzelne werden schon früher und nicht erst heute die traditionelle Beichtpraxis und -moral für sich selbst abgelehnt haben. Schließlich gab es ja schon Theologen, die sich darum bemühten, das Beichtverständnis personaler und theologisch voller zu gestalten. Immerhin, der Schaden, den die traditionelle Moral der Beichte als solcher zufügte, war unvermeidlich, seine Auswirkungen konnten nicht ausbleiben, sie wirken vielfach noch fort auf die Gegenwart. Und dies vor allem insofern, als sie heutigen Christen die Beichte suspekt machen.

Man würde es sich zu leicht machen, die absinkende Beichthäufigkeit einfach mit einem allgemeinen Glaubensschwund erklären zu wollen. Sicher, wenn sich die Kirchen leeren, bedeutet das ganz natürlich auch ein Nachlassen der Beichthäufigkeit. Nur ist damit allein das Problem nicht gelöst. Denn es beichten ja auch die weniger häufig, die noch zur Kirche gehen. Denn sie wissen, daß die Beichte keine notwendige Vorbereitung für den sonntäglichen Kommunionempfang ist. Daß ohne Vorliegen einer schweren Sünde auch die österliche Beichte nicht notwendig ist. Dabei dürfte der seltsam wirkende „Beichtstuhl" kein Anlaß dafür sein, daß weniger oder nicht mehr gebeichtet wird. Denn jedem, der es anders will, ist es überlassen, zum Beichten den Priester in seinem Sprechzimmer aufzusuchen. Entscheidender ist, daß nachwirkend aus der Vergangenheit vielfach die Meinung besteht, daß unter der Beichte – häufig mindestens – mehr gelitten wurde, als daß sie half. Das berühmt-berüchtigte „sub gravi" (unter schwerer Sünde verpflichtend) führte vielfach zu einer Sündenangst, die mit jeder Beichte neue Nahrung erhielt und die vor der Versöhnung mit Gott und der Erleichterung eines subjektiven Gewissens zurücktrat.

Aber auch die, welche die traditionelle Beichtmoral nur vom Hörensagen kennen, sind skeptisch gegenüber den Formen, unter denen die Versöhnung mit Gott auftritt. Die Absolution ist ihnen kein Geschehen, in dem der vergebende Gott existentiell erfahren wird. Der Glaube an die Kirche als die Vertretung Gottes auf Erden ist im Schwinden. Im Schwinden auch die Vorstellung des Priesters als dem, der Christus gegenwärtig macht, in seiner Vollmacht Sünden nachläßt oder beläßt. Den wenigsten ist er noch Beicht-„Vater“, und die, welche zu ihm kommen, fühlen sich nicht mehr als Beicht-„Kinder“.

Und die, welche von all dem nicht einmal etwas vom Hörensagen wissen? Wohl gehen sie dann und wann zur Kirche, die Beichte aber ist für sie etwas völlig Fremdes, das für sie gar nicht zur Diskussion steht. Sie können sich unter Beichte als einem Sakrament nichts vorstellen, zumal ihnen ohnehin jedes Sakramentenverständnis fehlt. Vielleicht würde sich auch diesen Heutigen mehr Sympathie für die Beichte abgewinnen lassen, vertiefte diese nicht die Meinung, Sünde sei „Privatsache“, die allein den individuellen Gewissensbereich betreffe, statt sie unter einen kollektiven Aspekt zu stellen, unter die Frage nach mangelnder Verantwortung, wirtschaftlicher Ausbeutung, Diskriminierung der am Rande der Gesellschaft Lebenden.

Es wäre auch das Wesen von schwerer und läßlicher Sünde deutlicher darzulegen, zu überlegen, wie man einen von dieser Vorstellung (unter deren Zwang er steht), eine schwere Sünde begangen zu haben, die ihm Tod und Verdammnis in alle Ewigkeit einbringt, befreien könnte. Da wäre doch zunächst einmal die Schwierigkeit zu erklären, eine schwere Sünde zu begehen, sie überhaupt fertigzubringen. Es fertigzubringen, mit seiner *ganzen* Erkenntnis, seiner *ganzen* Freiheit, seiner *ganzen* gesammelten Kraft, dem *ganzen* Einsatz seiner Person, Gott ein Nein zu sagen. Nicht nur ihn gewissermaßen zu „vernachlässigen“ wie bei der als läßliche Sünde bezeichneten Verfehlung. Die Beichtpraxis läßt ja vielfach den Eindruck entstehen, als sei die schwere Sünde nur die schwerere, nur ein Mehr an läßlicher, so daß der Mensch, da er ja läßliche Sünde sehr vielfältig begehe, nur zu leicht in schwere Sünde falle.

Dabei sollte man eigentlich meinen, einer Klärung bedürfe es nicht. Vernachlässigung oder aber völlige Lossage von Gott müßten sich sehr leicht von dem Betreffenden unterscheiden lassen, so daß er wissen müsse, woran er mit sich ist. Das aber ist nicht immer der Fall. Nicht von einem anderen Menschen her, nicht von sich selber her weiß der Mensch wirklich mehr über sich, als daß er eine einzig große Frage ist, die er nicht mit dem, was Alltagserfahrung erbringt, was Tiefenpsychologie ans Tageslicht befördert, beantworten kann. Er bleibt sich in seiner Selbstanalyse unerreichbar, kann sich nie außerhalb seiner selbst betrachten. Nur Schlüsse kann er ziehen, das ist aber auch alles.

Und hat er die *Erfahrung* einer schweren Sünde überhaupt je gemacht? Hätte er sie aber gemacht, wäre sie ihm dann nicht über jeden Zweifel deutlich? Schließlich handelt es sich doch bei schweren Sünden – „Todsünden" – um etwas, was wesensmäßig etwas ganz anderes ist als Erfahrungen der eigenen Unvollkommenheit wie Schwäche, Überfordertheit: Man ist gereizt und sollte doch geduldig sein; man hat kein gutes Wort für den anderen, sollte es aber doch haben. Solche und ähnliche Erfahrungen, die einfach zum täglichen Leben gehören, können doch unmöglich über das ewige Geschick eines Menschen entscheiden. – Todsünden dagegen? Da wäre doch zu fragen, als was erfährt sich jemand, der unter dem Druck steht, eine schwere Sünde begangen zu haben? Erfährt er sich als Todsünder? Als jemand, der bis ins Letzte nichtswürdig ist, da er sich eines so ungeheuerlichen Unrechts schuldig gemacht hat?

Die Pastoral müßte sich getrauen zu sagen, daß es zur Todsünde nur schwer kommt, daß sie einem nicht einfach „passiert", wenn man nicht auf der Hut ist. Daß sie, um überhaupt passieren zu *können,* einer gewissen Reife des Betreffenden bedarf. Reif einmal hinsichtlich der Erkenntnis seiner selbst, reif vor allem hinsichtlich der Entscheidungsfreiheit. Die traditionelle Moral sieht den Menschen freier, als dieser ist. Sie bedenkt zu wenig, daß er unter erblicher Belastung stehen kann, unter sozialem Druck, unter dem Druck seiner Umwelt, seines Milieus, daß ihn die Kirche selber mit den Tabus, die ihre herkömmliche Moral aufgestellt hat, unfrei gemacht hat.

Das Wort Gewissenserforschung gefällt vielen heutigen Menschen nicht recht. Sie sehen darin etwas höchst Fragwürdiges, irgendwie „Altmodisches". Wenn sie aber doch immer wieder erfahren müssen, nie restlos mit sich klarkommen zu können, dann wäre es vielleicht doch ganz gut und nützlich, in solcher „Erforschung" diese Grundsituation zu realisieren, die dem Menschen wesentlich ist: nie definitiv mit sich fertig zu werden, weil er sich gerade darin bedingungslos Gott ausliefert. Vielleicht auch würden Heutige für die Beichte mehr übrig haben, wenn ihnen das Wesen der Reue klarer wäre, als es meist der Fall ist. Wer sagt, Reue sei das ernstgemeinte Bedauern, sich vor Gott schuldig gemacht zu haben, muß dieses Bedauern richtig verstehen. Daß es nämlich mehr ist als ein Bedauern, mit dem man so leicht Dinge bedauert, die einem „bedauerlicherweise" passierten, die man aber nun einmal nicht mehr ändern kann, selbst wenn man es wünschte. Wenn Bedauern Reue bedeutet, dann ist damit etwas sehr Wesentliches gemeint: Abstand von der Haltung, der Gesinnung zu nehmen, aus der heraus man tat, was man bedauert. Nicht also einfach ein Bedauern, weil man sich als schwach erfährt, sich seiner Schwäche schämt, da man doch so gern stark sein will. Reue sieht von sich selber ab, sieht nicht in dem, was man sich selber schuldig zu sein meint, die Verpflichtung, daß es anders werde, sondern da Reue sich an Christus wendet, fühlt sie sich ihm verpflichtet. Und da sie um ihre Ohnmacht weiß, hofft sie von ihm her auf Besserung und dazu Kraft und Hilfe. – Reue ist Tat. Reue ist Umformung. Reue ist Wandlung. Wer bereut, ändert sein Leben, versucht es wenigstens ehrlich. Er arbeitet hart und zäh an sich. Er spricht nicht bedauernde Worte. Er läßt etwas sehen, was zeigt, daß der verborgene Ur- und Wurzelgrund seiner Taten sich geändert hat.

Reue wendet sich an Christus, weil man von seinem Kreuz her auf Gnade hofft. Von dort her kommt sie. Von dort kommt auch die Lossprechung. Lossprechung wird ja letztlich nicht durch Reue und Reuegebete bewirkt, nicht durch den formalen Akt der Beichte an sich, nicht durch Absolutionsworte, nein, es ist Christus, der sie bewirkt. Er ist es, der die Sünde tilgt. Vor ihn tritt man als ein Glied seiner Kirche. Weil er verändert, weil er umformt, weil er umwandelt, weil er mit seinem Geist erfüllt, deshalb ist Schuldvergebung. Als *seine* Tat an uns, aber auch als unsere Tat an uns selber.

Mit einer so verstandenen Reue ist gleichzeitig auch der Vorsatz auf Besserung gemeint. Wer, so könnte jemand fragen, glaubte wohl an sie? Bestimmt keiner, der sie nicht will. Vielleicht nicht einmal der, der sie will. Und doch gibt es ein Wollen, das *auch* mit dem Wissen, daß man sich doch wieder verfehlt, möglich ist. Es gibt ein Wollen, ein ganz schlichtes, das nicht viel fragt, das eigentlich sehr primitiv ist, das einfach sagt: nach besten Kräften. Und dies, ohne auf Erfolg zu rechnen. Es ist ja nicht der Erfolg, der vor Gott entscheidet, sondern die gesetzte Bemühung, eben diese Tat, die wir an uns selber tun müssen.

Es ist etwas Merkwürdiges um den Vorsatz. Ganz allgemein, ganz abgesehen von dieser auf Gott gerichteten Zielsetzung macht wohl jeder die Erfahrung, daß er einen Fehler, vielleicht eine lästige Angewohnheit ablegen möchte. Er ärgert sich seit Jahren schon darüber. Jeden Tag erneut stößt er auf diesen Ärger. Jeden Tag sagt er sich: „Nun endlich hört es damit auf!" Es hört aber nicht auf, hört erfahrungsgemäß nicht auf. Und trotzdem sagt er sich Tag für Tag wieder: „Heute soll mir die Sache nicht passieren." Und sie passiert doch.

Es geht dabei nicht um den Optimismus, es könne doch damit aufhören, es geht darum, daß es durchaus sinnvoll sein kann, wenigstens eine Anstrengung sittlicher Art in einer bestimmten Richtung zu machen, die rechte Tendenz nicht aufzugeben, am Wunsch festzuhalten, sich in eine richtige sittliche Verfassung zu bringen. Wer jedoch von vornherein aufgibt, kapituliert, stellt damit nicht nur eine Unmöglichkeit auf, sondern er benützt die vermeintliche „Unmöglichkeit" zum bequemen Vorwand, nichts zu tun, sich nicht zu bemühen und – was bequemer ist – in dem zu verbleiben, was er doch ablegen möchte. Damit ist freilich nicht ausgeschlossen, daß es nicht nur vermeintliche, sondern auch wirkliche Unmöglichkeiten gibt. Wo sie aber objektiv und von Gott her vorliegen, das heißt, physisch oder psychologisch dem Menschen auferlegt sind, da kann ohnehin von subjektiver Schuld auch dann nicht die Rede sein, wenn gegen objektive Normen verstoßen wird. Nur darum kann es gehen, sich nicht zu schnell auf Unmöglichkeiten hinausreden zu wollen. Man hat jedenfalls die Pflicht, sich redlich zu bemühen, Gott um die Gnade zu bitten, das tun zu können, was man von sich allein her nicht kann. Man muß dort anfangen, wo ein Erfolg zu erhoffen ist, also unter Umständen die Situation, die Atmosphäre seines Lebens zu verbessern suchen. Man muß seine Gedanken und Gefühle unter Kontrolle und Zucht bringen. Man darf nicht vergessen, daß man vielleicht bloß deshalb den zweiten Schritt nicht fertigbringt, weil man sich weigert, den ersten wirklich zu tun. Man darf nicht meinen, im sittlichen Leben müsse alles billig zu haben sein, was „man" tut, sei einem darum schon erlaubt, weil „alle Welt" so tut.

Man sollte eher verwundert sein, wenn einem die sittliche Forderung als einfach und billig vorkommt. Man sollte sich dann fragen, ob man nicht schon – mit einer verdrängten Schuld – einen faulen Kompromiß zwischen der göttlichen Norm und den faktisch befolgten Normen seines eigenen Lebens geschlossen hat. Wer sich nicht beschwindelt, wird oft genug bei sich feststellen, daß er nicht „konnte", weil er im Grunde gar nicht wollte. Gerade dann sollte er wenigstens anfangen, Gott zu bitten, ihm das Wollen zu geben. Das Können und Vollbringen wird Gott dann schon langsam hinterherschicken. Man darf seine Möglichkeiten nicht an der Erfahrung seiner eigenen Kräfte und eigenen Schwäche messen, sondern an den Möglichkeiten der Gnade Gottes. Es soll nicht der Mensch seine Kräfte abschätzen und daraus den Vorsatz errechnen wollen (um auf die Art zu kalkulieren, ob man sich – das heißt Gott – dies oder jenes „zumuten" könne, oder aber ob es nicht zumutbar, also auch nicht geboten sein könne), so daß ein guter Vorsatz einem daher auch gar nicht möglich wäre, ohne daß man sich selbst etwas vormachte. Auch der kleinste Anfang, der schwächste Versuch, die kürzeste Zeit, in der wir uns an das göttliche Gesetz gehalten haben, ist sehr viel besser als die gänzliche Resignation.

Im übrigen will das Beichten geübt und verstanden sein. Alles rein Gewohnheitsmäßige ist darin nicht gut. Immer bleibt zu bedenken, daß Sünden, die nicht bereut sind, auch dann nicht nachgelassen werden, wenn das Sakrament empfangen wird. Dieses Sakrament ist uns ja nicht deshalb gegeben, damit es uns das Leben insofern leichter mache, als wir es durch seinen Empfang bequemer in dem hätten, was wir selbst in personaler Anstrengung leisten müssen.

In der Beichtpraxis hat sich im Laufe der Jahrhunderte vieles gewandelt. Augustinus hat übrigens nie gebeichtet. In der alten Kirche bedeutete Taufe praktisch gleichzeitig Bußsakrament. Dadurch kam es zu dem Mißbrauch, daß die Katechumenen – die noch nicht Getauften – ihre Taufe immer weiter hinausschoben, erst auf dem Sterbebett beichteten. Während vieler Jahrhunderte konnte man die Absolution überhaupt nur einmal erlangen.

Wieder hat es Zeiten gegeben, in denen von manchen Theologen dem Bußsakrament nicht sündentilgende, sondern andere gnadenhafte Wirkungen zugeschrieben wurden. Religiöses Leben hat wie alles Geistige seine Entwicklung. Beim Bußsakrament verlagerte sich der Akzent vom handfesten Buße-Tun auf die innere Reue, aus dem öffentlichen Geständnis wurde das Bekenntnis, wie es heute geübt wird.

Warum nur dieses Bekenntnis, könnte jemand fragen, wo es doch damit etwas sehr Fragwürdiges bleibt? In bezug auf seine Richtigkeit, allerdings. Warum auch nicht? Es wird vom Beichtenden ja nichts weiter verlangt als Ehrlichkeit. Und wären ihm nicht mehr als allgemeine Angaben über einen sehr vagen Sündenzustand abverlangt, würden sich wohl die wenigsten wirklich ernsthafte Klarheit über sich selbst zu verschaffen suchen, wie sie durch ein Bekenntnis zu erlangen ist. Gewiß gibt es manche, die sich um solcher Klarheit wegen sehr mit sich herumquälen, die überängstlich sind, sich mit Skrupeln quälen. Es sind die Überängstlichen, Übergewissenhaften, die sich auch in anderen Dingen ängstigen, nicht nur beim Beichten, und von denen oftmals als Schuld angesehen wird, was keine Schuld ist. Die nämlich als Schuld schon verstehen, was sie nicht haben oder nicht können, obwohl „es“ gekonnt bzw. da sein sollte. Aber nicht darin liegt

Schuld. Schuld ist das, was nicht ist, obwohl wir es *könnten.* Wenn es einen Hebel gäbe, den man nur umlegen müßte, damit man kann, und man würde sich ehrlich sagen, man *würde* diesen Hebel umlegen, dann heißt das doch, man will, aber man kann – in vielen Dingen wenigstens – nicht mehr und nicht besser, als man tut. Das ist dann aber keine Schuld, sondern traurig und bitter. Ein Kreuz ist es, das uns von Gott auferlegt wurde, nicht aber Schuld, Sünde, die wir vor Gott begehen.

Nichtkönnen und Nichtwollen lassen sich selten ganz säuberlich scheiden. Wir stecken nun einmal in viel Finsternis und Dunkel, so daß uns nur bleibt zu vertrauen, daß weder mehr von uns verlangt wird, als wir können, noch uns gewissermaßen von Gott ein Bein gestellt wird und wir uns verfehlen, wo wir es selbst nicht wissen.

Schuld kann nur sein, wo man weiß, daß man sie begeht. Wenn also der Beichtende sagt, was er als seine Schuld weiß – in aller Subjektivität –, dann hat er sie damit ganz gesagt. Und es braucht nicht mehr – durch eine Art „Kreuzverhör“ – aus ihm herausgeholt zu werden, als was er von sich aus gesagt hat. Er braucht auch nicht darüber aufgeklärt zu werden, daß er irrtümlicherweise etwas nicht als Schuld angesehen hat, was unter Umständen objektiv doch Schuld ist. Es sei denn, solch ein Irrtum könnte ernste Folgen haben.

Im übrigen gehört zur Aufgabe des Beichtvaters nicht, sich aus dem, was ihm gesagt wird, ein letztes, fixes Urteil über den Betreffenden zu bilden, beziehungsweise eine Beurteilung, die weiterginge, als sie sachliches Beraten erfordert. Die Entscheidung liegt ja ohnehin bei Gott. Ihn vertritt der Priester. Aber nicht nur ihn, auch seine Kirche. Und weil unsere Sünden auch sie angehen, darum müssen wir sie auch ihr bekennen. Unsere Sünden können ihr ja nicht gleichgültig sein. Sünde heißt Widerspruch zu Gott. Hat man sich aber zu Gott in Widerspruch gesetzt, dann damit auch zu seiner Kirche. Wo man in einer Familie, in einer Gesellschaft, Gemeinschaft lebt – und keiner lebt ja sich allein –, da hat man sich nicht nur an sich schuldig gemacht, sondern an allen, denen man zugehört.

Nicht anders bei der Kirche. Wer sündigt, sündigt auch an ihr. Er trägt ja doch mit an ihrem Schicksal, ihrem Glück und Unglück. An allem hat er seinen Anteil. Zu allem trägt er bei. Hat er sich also schuldig gemacht, tat er es auch an und innerhalb der Kirche.

Darum muß der Sünder auch ihr, als dieser Gemeinschaft, in der er lebt, seine Schuld bekennen. Und darum muß sich diese Gemeinschaft Jesu mit dem Sünder auseinandersetzen. War seine Sünde schwer, hatte er sich in einer entscheidenden Sache – frei gewollt und klar erkannt – in Widerspruch zu Gott gesetzt, „bindet" sie ihn, distanziert ihn von Gott. Diese Trennung bedeutet, daß er nicht an dem teilhaben darf, was Gott die Kirche zu hüten bestimmt hat: das Opfermahl Christi. Und erst dann darf er wieder daran teilhaben und damit im vollsten Sinn ihrer Gemeinschaft wieder angehören, wenn sie diesen „Bann" gelöst hat.

Nun erfolgt eine solche Versöhnung durch die Kirche und mit der Kirche natürlich nicht ohne die Bereitschaft, Genugtuung zu leisten. Genugtuung aber nicht durch ein paar Vaterunser, Litanei oder sonst ein Gebet. So verstanden würde man schnell damit fertig. Und würde auch Gestohlenes zurückerstattet oder dem anderen seine Ehre – wenn so etwas möglich wäre – wieder hergestellt werden, man wäre immer noch sehr billig davongekommen. Die Vergebung ist aber nur der Anfang. Mit ihr soll die Umwandlung, von der gesprochen wurde, beginnen. Auch nicht durch die Absolution wird sie einem geschenkt. Wo sie nicht ist, und auch nicht der Wille dazu, müßte an echter Reue gezweifelt werden. Und was soll dann alles Beichten? Man wäre besser zu Hause geblieben.

WAS IST DER MENSCH SICH SELBST?

Ist der Mensch dieses Wesen, das jeden Augenblick seiner Existenz vor der Notwendigkeit steht, zu seinem Dasein Stellung zu nehmen, bejahend oder ablehnend, im Einverständnis oder im Protest? Ein Wesen, das nicht begreift, daß es gerade „so“ sein muß, das aber wo und wann es gegen sich protestiert, wo es solchen Protest zur Strukturformel seines ganzen Daseins macht, *in* diesem Protest nochmals bejaht, was es doch abschütteln möchte: seine Endlichkeit, Begrenztheit, seine biologische Abhängigkeit, Todverfallenheit? Seine Erbmasse vielleicht, seine Eltern, sein Geschlecht, Alter oder welche Eigentümlichkeiten seines Wesens es auch immer sein mögen?

Was ist der Mensch sich selbst? Man sollte anders fragen, was ist er Gott? Allerdings war keiner dabei, als er sich den Menschen ausdachte. Aber was auch immer dabei herauskam, ihm ist dieser Mensch gut genug, das ewige Leben mit ihm zu teilen.

Ewiges Leben – keiner kann sich darunter etwas vorstellen. Absurd eigentlich, den Menschen für so wichtig zu nehmen, daß ihm ein ewiges Leben zugesagt ist. Jedem ein besonderes, und so, daß keiner zu kurz kommt, keiner übersehen wird. Wirklich absurd, denkt man an sich selbst. Aber so sind die Menschen: Was Gott in seiner Liebe für sie will, kann nicht bescheiden genug gedacht werden. Gott gibt aber nicht bescheiden. Er kann in seiner Liebe so schaffen, daß dieses Geschaffene vor ihm und für ihn etwas bedeutet.

Es ist so niederdrückend, fängt man an, über sich selbst nachzudenken und sich dann immer schon als den vorzufinden, der gefehlt hat und aus einem trüben Gemisch von Schuld und auferlegtem Geschick herkommt. Oft mag schon viel, ja alles Mögliche erreicht sein, wenn man sich in seiner eigenen Negation nicht über den Kopf wächst. Wenn es kein leeres Wort bleibt, sich aus der Hand Gottes anzunehmen.

Vielleicht sollte man weniger denken und dafür mehr beten. Auch junge Menschen beten. Gerade weil sie nicht wissen, wie es einmal weitergehen wird.
Beten aber bedarf eines starken Glaubens. Versucht man zu beten, kommt gleich die Frage, was bedeutet man überhaupt Gott? Er sagt es einem nicht, er sagt es keinem. Er sagt es einem erst, nachdem man ein Leben lang auf eine Antwort wartete. Offenbar ist er der Meinung, so lange warte man ja gar nicht, wenn er doch eine ganze Ewigkeit Antwort gebe. Dabei meint man manchmal, daß er einem hier und jetzt schon sagt: daß man mehr Mitleid mit sich haben soll.
„Haben Sie immer auch Mitleid und Sorge für sich selbst. Es ist gar nicht so, daß die Menschen so egoistisch sind, daß sie wirklich richtig und sinnvoll für sich sorgen. Man kann ungeduldig, gereizt mit sich selbst sein. Man könnte sagen: Habe den Mut und die Entschlossenheit, dich selbst so zu lieben, wie du (wenigstens in der Theorie und den guten Vorsätzen und den wohlwollenden Maßstäben) deinen Nächsten liebst und es zu tun ihm gegenüber geziemend hältst. ... Wir beide brauchen uns gegenseitig nicht die Tapferen und Heroischen vorzuspielen. Das ist beiderseits nicht nötig. Und darum brauchen Sie auch nicht zu fürchten, eine schlechte Figur zu machen oder mich zu ermüden, wenn Sie klagen und sagen, wie es Ihnen zumute ist. ... Es ist immer dasselbe: daß wir in Geduld uns annehmen müssen, so wie wir sind, und so Gott finden. Weil eben doch *alles* Gnade ist. Und alles einen seligen Ausgang hat." (24. 1. 1960) Es ist die Geduld, die man sich wünscht, der Friede, der trotz allem unser Anteil ist.
Und darum soll man sich weniger mit Fragen herumquälen, die einem doch keine Gewißheit bringen. Mehr Sinn und Talent haben für Freude; auch dann, wenn man dabei das instinktive Gefühl hat für die Relativität aller Dinge dieser Welt. Man kann sie nun einmal nicht sehr großartig finden. Wo nicht Freude oder heftige Schmerzen der Seele und des Leibes wie ein Orkan über den Menschen herfallen, da sind für ihn Freude wie das Leid abgedämpft und fast durchschaut auf ihre Fragwürdigkeit.

Dabei weiß man, daß man sich „hier" auch freuen sollte. Gott hat es ja gewollt, daß wir nicht nur aus dem Eigentlichen, aus der Liebe zu ihm bestehen. Daß wir nicht Essen, Wohnen, Reden, Familie, Geschäft, Sport, Kultur und was es sonst noch an primitivem und gebildetem Leben gibt wie in einem heiligen Wutanfall unerbittlich verheizen sollen. Auch Gefühle wie Zärtlichkeit, Anhänglichkeit, Liebe entspringen einer Schicht unseres Wesens, auch wenn sie darum noch nicht „wir" vor Gott sind.

„Wir" vor Gott – was sind wir ihm, was uns selbst? Gehört man zu denen, die es nur mühsam bei sich aushalten, so möchte man jedoch *ihm* liebenswert sein. Das glauben zu können, ist ja gerade das Kunststück des Christentums. Meist verliert man den einen oder den anderen dieser beiden „Bälle": Es ist einem selbstverständlich, von Gott geliebt zu werden, da man sich selber als liebenswert erscheint. Oder aber man glaubt, ihm unerträglich zu sein, da man es sich selber ist. Und doch gehört beides zusammen. Und es ist das, was der Christ meint, wenn er sagt: *So* habe Gott den Menschen angenommen.

ÄNGSTE UND ZWÄNGE

Zwangsideen unterscheiden sich nur graduell von dem, worunter alle Menschen – mehr oder weniger – leiden. Denn Gedanken, die eine Beharrungstendenz haben, und Gefühle, die stärker sind, als es dem objektiven Inhalt solcher Gedanken und Gefühle vernünftigerweise entspricht, haben alle. Und alle leiden darunter, daß diese Sachlage nicht schon dadurch geändert wird, daß man den Widerspruch zwischen tatsächlicher und objektiv berechtigter Intensität von Vorstellungen und Gefühlen erkennt. Wer sich jedoch darauf versteht, der müßte eigentlich wissen, daß jeder „normal" – gesund – ist, dem es gelingt, diesen Widerspruch so zu beherrschen, daß er das soziale Zusammenleben der Menschen nicht stört. Und dies auch dann nicht, wenn der Widerspruch zwischen tatsächlichen und objektiv berechtigten Gedanken vielleicht größer ist als bei „normalen" Leuten, und der Betreffende darunter mehr als andere leiden müßte.

Auch äußere Handlungen, die von der objektiven Sachlage her nicht gerechtfertigt sind, sondern sich nur aus der Überwertigkeit von Gedanken und Gefühlen erklären lassen, begehen doch alle. Auch darin gibt es nur graduelle Unterschiede. Der eine wird überflüssigerweise nachschauen, ob er die Fahrkarte wirklich eingesteckt hat, ein anderer wird mit einmaligem Nachschauen sich nicht begnügen, sondern – zwangshaft – mehrmals sich überzeugen wollen.

Schlimm sind zweifellos auftretende Schuldgefühle, diese Skrupel. Doch was ist denn überhaupt Schuld? Schuld ist mehr als ein Verstoß gegen eine Verhaltensregel der Allgemeinheit, gegen bürgerliche Sittlichkeit, gegen das Strafgesetzbuch oder sonstige Konventionen der Öffentlichkeit. Schuld gibt es nur dort, wo der Mensch vor Gott steht und mit Gott handelt. Vor Gott aber ist nur Schuld, wo wissentlich gegen ihn gesündigt wird. Es gibt vor ihm keine Schuld, die unwissentlich, und auch keine, die unfrei begangen wurde. Trotz allem oft gegenteiligen Schein der Erfahrung existiert sie nur in der Region unseres eigentlichen geistigen Tiefenwesens, wo allein der Mensch vor Gott schuldig werden kann, insofern er dort allein vor Gott verantwortlich ist. Ängste und Zwänge, seelische Krankheit also, kann es – metaphysisch und theologisch gesehen – nur in einer peripheren Schicht geben, nicht aber in jener Tiefenschicht, wo es nur die Kategorie: Schuld – Heiligkeit, nicht aber Krankheit – Gesundheit gibt.

Wie aber kann sich diese seelische Krankheit auswirken? Immerhin so, daß sie als wirkliche Krankheit, die sie ist, unser physisches Leben sehr wesentlich in Mitleidenschaft ziehen kann. Und zwar dort, wo dieses Leben sich für uns erfahrbar abspielt. Und *diese* Sphäre wäre es dann auch, wo das Gefühl, Gott zu vertrauen, unbefangen an ihn zu glauben und ihn zu lieben, sehr schmerzlich verringert werden könnte, oder sogar den Anschein an sich tragen könnte, gänzlich verlorengegangen zu sein.

Aber das ist nur der Schein. Denn das eigentliche Vertrauen zu Gott, Glauben usw., sofern das alles Bedeutung vor ihm hat, können nur gesetzt und umgekehrt verloren werden durch einen freien Akt der Person in der Tiefe des eigentlich metaphysischen geistigen Wesens. So wie die eigentlich geistige Person nur glaubend, vertrauend sein kann – gleich, wie sie sich in ihren irgendwie kranken Gefühlen dabei vorkommt; wenn nicht ein Akt der *freien* Aufgabe in diesem Glauben, Vertrauen getan wird, ist auch ein den Menschen überfallender, ihn gleichsam überschwemmender, einfach daseiender, nicht in freiem Entschluß getaner Gedanke, Vorstellung, Wunsch nicht ein eindeutiges Indiz dafür, daß es sich um etwas im Kern der freien Person handelt, sondern um eine mehr oder weniger krankhafte Gegebenheit an der Oberfläche menschlicher Wirklichkeit.

Die „Tiefenpsychologen" stellen sich gewöhnlich unter diesen Dingen etwas anderes vor. Sie reden nämlich nicht von der Tiefe der geistig freien Person, sondern von der Tiefe der psychischen Triebschichten, eine Verwechslung, die gerade nicht gemacht werden sollte.

Im übrigen läßt sich auch dann noch nicht von Schuld reden, wenn Ängste und Zwänge die Erscheinungsform von Schuld haben sollten. Oder wenn sie durch Schuld entstanden sind. Auch in einem solchen Fall könnten sie als Krankheit fortbestehen, nachdem die Schuld schon längst vergeben ist. In jedem Fall aber sind sie etwas, das man bemüht sein muß, durch guten Willen und moralische Anstrengung nach Kräften zu beseitigen. Und dies auch dort, wo sie nicht eigentlich direkt in den Bereich des Moralischen hineingehören. Denn indirekt berühren sie dieses Gebiet trotzdem, da sie unbeschadet ihrer Schuldlosigkeit in ihrem materialen Wesen gegen objektive Ordnungen des Menschen und seiner Welt verstoßen. Zudem können sie in ihren Auswirkungen Anlaß und Antrieb zu eigentlicher bewußter und freier Schuld werden. Nach Kräften? Wer freilich sagt einem, wie weit die Kräfte reichen?

Wie weit sperren sich tatsächlich solche Zwangserscheinungen in ihrer Verdrängbarkeit allem guten Willen und allen moralischen Anstrengungen? Angenommen, jemand muß an einem Strick eine schwere Last über einem Abgrund festhalten, damit sie nicht hinunterfällt. Diese Last wird dauernd vergrößert. Der Haltende weiß, einmal wird sie so groß sein, daß er sie einfach nicht mehr halten kann und sie ohne seine Schuld hinunterfallen wird. Anderseits soll er aber die Pflicht haben, solange wie möglich die Last zu halten. Er wird natürlich nicht genau sagen können, wann der kritische Moment eintritt, wo eine Schwierigkeit in eine physische Unmöglichkeit übergeht.

Was also wird er tun? Er wird die Last aus „Leibeskräften“ festzuhalten versuchen. Er wird sich dabei sagen: „Mach dir die Sache nicht zu leicht. Beiß die Zähne zusammen. Sag nicht gleich, es geht nicht mehr.“ Aber er wird mit aller Gemütsruhe überlegen: „Es *kommt* der Moment, wo es wirklich nicht mehr geht. Wo ich zwar nicht eigentlich ‚loslasse‘, aber ‚es‘ losläßt, und ich froh sein kann, daß ich nicht mehr zu halten vermag, und wo ich ohne moralisches Schuldgefühl der hinuntersausenden Last nachschauen darf.“

Sagt ihm da nun aber jemand: „Ja, mein Freund, einmal mußte zwar die Last infolge der Begrenztheit deiner physischen Kräfte fallen, aber du hast eben doch zu schnell losgelassen und nachgegeben. Du hast den später eigentlich erst eintretenden Moment physischer Unmöglichkeit zum billigen Vorwand gemacht, dich schon früher von deiner moralischen Verpflichtung zu drücken." Darauf würde „unser Mann" doch mit Recht sagen: „Ja, an sich kann so etwas vorkommen. Das heißt, man kann in einer objektiv schweren Situation schuldhaft werden, weil man nicht sagen kann, da, wo etwas schwer werde, höre die Sache auch schon mehr oder weniger auf, moralisch belastbar zu sein. Aber ich habe getan, was ich konnte. Denn ich habe mich geplagt, ich habe die größte Angst gehabt, moralisch zu versagen. Ich habe Gott gebeten, mich nicht moralisch versagen zu lassen, wenn ich schon physisch „versagen" mußte. Ich habe mehr ausgehalten – gemessen an der Ausdauer anderer Leute in derselben Situation –, ich habe in leichteren ähnlichen Fällen die Sache gehalten. Wenn ich aber wirklich von mir und dem Kern meiner geistigen Person aus gewollt, frei gewollt hätte, daß die Last im Abgrund liegen solle, dann hätte ich sie doch in diesen leichteren Fällen hinunterfallen lassen. Denn so absurd und heimtückisch ist doch der Mensch auch wieder nicht, daß er mit solch teuflischer Schlauheit in leichten Fällen gut handelt, um dann in schweren Fällen nicht nur physisch zu versagen, sondern moralisch böse zu handeln, ohne daß er sich dieses eingestehen müßte, weil er sich hinter der Schwere der Aufgabe verstecken kann."

Nein, so verdreht ist der Mensch nicht. Wenn er wirklich von Herzen böse wäre (was die zwar mögliche Ausnahme, aber nicht das Normale ist, wie es die Manichäer unserer Tage, die wir leicht alle sind, meinen), dann ist er es mindestens auch dort, wo er merkt, daß er auch anders handeln könnte, wenn er nur wollte. Die gegenteilige Annahme wäre nicht Demut, sondern Hochmut und Beleidigung Gottes.

Dabei bleibt natürlich eine gewisse Fragwürdigkeit bestehen. Man wird nicht immer wissen, wann der kritische Moment eingetreten ist, der einen frei macht von moralischen Schuldgefühlen. Aber Fragwürdigkeit, Unklarheit, Zweideutigkeit gehören nun einmal zum Leben. Wenn wir getan haben, was wir nach ganz schlichten menschlichen Maßstäben in einer so schwierigen Situation, in der wir uns befinden, tun müssen, dann brauchen wir uns nicht mit Skrupeln abzuquälen. Auf den *Gesamt*anblick seines Lebens soll man schauen. Und zwar auf den ganz alltäglichen, gar nicht tiefenpsychologisch analysierten Anblick.

Und die Therapie, so könnte gefragt werden? Glaube an Gott und Vertrauen auf seine Hilfe. Wer intelligent ist, dem könnte man noch sagen, wie überhaupt im Leben komme es auf die richtige Dosierung und ein sinngerechtes Mischungsverhältnis an: einerseits sich zu bemühen, seinen Zwängen nicht nachzugeben, anderseits ganz nüchtern und unbefangen damit zu rechnen, daß man hier und da „nachgibt", und dies sogar in einer einem abverlangten Geduld mit sich selbst und dem Kranken im Menschen – in jedem Menschen –, in diesem Bewußtsein, daß es eine Grenze physischer Unmöglichkeit gibt. Zu physischen Unmöglichkeiten gehören nicht nur die Dinge, die nach der Physik unmöglich sind, sondern oft auch solche, die nach der faktischen, vielleicht kranken, vielleicht auf diesem Gebiet unheilbar kranken psychologischen Konstitution dem Betreffenden unmöglich sein können. Solche Niederlagen, kleine und größere, sind keine moralischen, sondern physische. Wo jemand in Wahrheit nicht mehr „kann", obwohl er noch wollte, da ist und bleibt dieser Wille das moralisch Entscheidende. „Vergessen Sie nicht (was Sie ja wissen und sagen), daß alle Angst, wie immer sie selbst in sich ist, so sie nur in Geduld getragen wird, wirklich heilwirkend auf Gott geht. Und daß man diese geduldig angenommene Angst nicht noch einmal analysieren soll, gewissermaßen schlecht machen darf. Unter dem Kreuz machen wir alle eine schlechte Figur. Aber eben das gehört nochmals zum Kreuz, das uns quält und so segnet." (27. August 1966).

„Ich meine, verstehen zu können, wie es Ihnen zumute ist. Aber ich meine auch, daß man die Angst selbst zu einer

Erfahrung Gottes und seiner Gnade machen kann. Wir haben doch nur dann überhaupt von Gott (etwas) begriffen und ihn den sein lassen, der er ist, wenn wir ihn größer bekennen als unser Herz, größer als unser Herz gerade in dem, worin es uns mit Recht anzuklagen scheint, worin unsere Rechnungen wirklich nicht aufgehen. Die durchschnittlich frommen Leute meinen ja doch, sie hätten die gegenseitigen Rechnungen zwischen Gott und ihnen durchgeprüft und es sei alles klar und in Ordnung. Aber erst wenn wir darauf verzichten, ist alles in Ordnung und Gott wirklich – Gott. . . . Gott aber ist die unbegreifliche Liebe, mehr als nur Barmherzigkeit."
(30. 9. 1977)

ÜBERFORDERT?

Man scheue sich nicht, Eingeständnisse zu machen: das Eingeständnis der Mutlosigkeit, des Gehemmtseins, vor den „anderen“ so zu sprechen, wie man es als Christ vielleicht sollte, es aber nicht kann, weil man sich dabei wie einer von gestern oder vorgestern vorkäme. Das Eingeständnis der Ratlosigkeit, weil man keinen Weg für die Zukunft des Christentums sieht. In zweitausend Jahren konnte die Mission die Menschheit auch nicht annähernd christlich machen. Wie sollte sie dann aber mit einer immer noch schneller wachsenden Menschheit Schritt halten können?

Die a-religiösen Weltanschauungen haben sich zunehmend breitgemacht. Die modernen Naturwissenschaften erklären, mit dem christlichen Glauben unvereinbar zu sein. Antichristliche Mächte drängen unter Anwendung von Gewalt Christen bis an den Rand ihrer Kräfte, alles Gegner, die – jeder auf seine Weise – nicht ernst genug zu nehmen sind, die aber noch harmlos gegenüber dem Gegner *„Gleichgültigkeit“* sind.

Das Christentum ist den Menschen weithin gleichgültig geworden. Man hat es nicht mehr auf der Rechnung. Den meisten ist es etwas, das eigentlich immer noch „da“ ist, weil es eben seine Zeit braucht, bis Dinge, die einmal waren, völlig verschwinden.

Das Christentum werde aber doch gesellschaftlich und soziologisch immer noch anerkannt! Gewiß, viele benennen sich sogar – leider – politisch danach. Es können auch die Kirchen immer noch zu Wort kommen, und wo es für nützlich gehalten wird, macht man den kirchlichen Spitzenvertretern eine Art Reverenz.

Der Abfall im Christentum selber nimmt zu. Solche, die zurückfinden, stehen einer Vielzahl derer gegenüber, die dem Christentum den Rücken kehren. Und gibt es auch sogenannte anonyme Glaubensvorgänge, die sich gewissermaßen im

„Herzen“ des Menschen abspielen, so daß sie als Glaube nicht zu erkennen und zu deuten sind, es ändert nichts daran, daß die Welt, so wie sie sich darbietet, weithin ungläubig ist und daß der Christ sie als ungläubig erfährt. – Nun wird dieser aber bis zu einem gewissen Grad mindestens in seinem Christsein von der Haltung getragen oder belastet, die die Welt im großen und kleinen zum Christentum hat. Es braucht daher die letzte Kraft seines Geistes und Herzens, um an seinem Christentum nicht irre zu werden. Selber nicht auch zu meinen, was die „anderen“ ihm einreden möchten, Gott müsse sich erst einmal als glaubwürdig *beweisen,* bevor man sich zu glauben entscheiden könne.

Nun ist es aber beim Glauben wie bei der Liebe, die auch dem *Beweis,* daß es sinnvoll und vernünftig ist, den anderen zu lieben, vorausgeht. Liebe wäre völlig mißverstanden, müßte sie sich einem zuvor in ihrer Begründetheit nachgewiesen haben, ginge nicht die Entscheidung zu lieben, den Gründen voraus. Genauso wäre der Glaube an Gott mißverstanden, verlangte man zuvor den Beweis, daß es sinnvoll ist, an Gott zu glauben, bevor man sich dazu entscheidet.

Es ist ähnlich wie bei unserem Verhältnis zu einem Menschen in dieser Frage, ob wir an ihn glauben oder nicht. Auch da können wir Gründe haben, ihm unsere Zustimmung zu geben, gleichzeitig aber auch solche, sie ihm abzusprechen. Ob sie schließlich erfolgt, ist im letzten nicht Sache des Verstandes allein, sondern auch des Willens.

Es gibt keine Gründe, die beweisend für die Sinnhaftigkeit des Glaubens an Gott sind, die einen zwingen, einen gleichsam mitnehmen, bevor man mit seinem Eigenen – mit seiner Freiheit, seiner verantwortlichen Grundeinstellung – das Entscheidende getan hat. Die Entscheidung bleibt in jedem Fall bei einem selber, wenn es auch Überlegungen gibt, die sie einem erleichtern können. Die sich sogar so eng mit der persönlichen Entscheidung verbinden, in diese eingehen können, daß sich beide Seiten nicht mehr eindeutig voneinander unterscheiden lassen.

Die Auferstehung Christi wird vielfach als Beweis für das

Christentum angeführt. Sie ist aber kein Beweis. Wer von daher glaubt, tut dies aufgrund von Aussagen, die Menschen gemacht haben, an deren Ehrlichkeit zu zweifeln er keinen nachweisbaren Grund hat, der gegenüber er nicht in der Lage wäre, einen Gegen*beweis* anzutreten.

Dabei führt das Wort Beweis leicht zu Mißverständnissen. Die Scholastik brauchte es. Heute würden wir sagen: auf-weisen und als „Beweis" nur gelten lassen, was auf rein mathematisch-naturwissenschaftliche Methode erbracht ist. Aber im Grund ist das alles ja Wortklauberei. Wenn es für unser menschliches Denken durchaus sinnvolle und einleuchtende Gründe gibt, die für den Glauben sprechen und die auch keineswegs weniger einleuchtend sind als die, die dagegen sprechen, so täusche man sich darüber trotzdem nicht. Denn auch wenn es nachweisbare Gründe gibt, die der Mensch auf seine Richtigkeit hin prüfen könnte, die er eigentlich gelten lassen müßte, so würde er immer auch solche finden, die ihm, so möchte er meinen, das Glauben unmöglich machen. Wo geglaubt wird, da geschieht es – kann es nur geschehen – mit einer dazu unumgänglich erforderlichen Gnade, alle Ärgernisse, die der Mensch an Gott nehmen könnte, zu überwinden, solche, die einem das Nichtglauben als berechtigt erscheinen lassen.

Natürlich wäre es Gott ein Leichtes, diese Gnade so stark zu machen, daß sie alles überwände, was den Menschen zur Nichtannahme solcher Gnade veranlassen könnte. Der Mensch soll aber nicht als Überwundener und Überwältigter, sondern frei diese Annahme vollziehen. Wie dabei Gnade und Freiheit sich im letzten vertragen, wissen wir nicht. Dies aber wissen wir, daß nach Gottes Willen alle Menschen selig werden. Daß dazu jedem die Chance gegeben ist, ohne daß man freilich übersehen könnte, wie sie beim einzelnen aussieht. Nur muß man den Glauben *wollen*. Man muß auch den Glauben tun. Auch Liebe wird nicht nur gewollt, sie wird auch getan. Nicht nur dem Theoretisierenden wird die Begründung sowohl für den Glauben wie auch die Liebe geschenkt. Nicht aus noch so hellsichtigen Überlegungen irgendwelcher

Denksysteme geschieht sie im letzten, aber entscheidendsten. Dem wird sie, der sich ihr anvertraut, unter Aufgabe jener letzten „Garantie“, daß wir nicht mit unserer Liebe, unserem Glauben hereinfallen, das eine wie das andere nicht an etwas, an einen verschwenden, der unserer Liebe, unseres Glaubens nicht wert wäre, uns vielleicht getäuscht hätte.
Allerdings müsse man, das klingt recht simpel, den Glauben wollen, dann gelinge er auch. „An sich“ kann ja auch jeder schwimmen: besser, könnte es. Und doch kann es nicht jeder. Wer sich krampfhaft an einen Pfahl klammert, dem soll doch einmal einer klarmachen, er brauche nur loszulassen, Arme und Beine zu bewegen, dann sei alles in Ordnung. Solche Sicherheit, die man gern hätte, bevor man den Pfahl losläßt, kann man weder sich selbst, noch kann man sie einem anderen beibringen. Sie aber ist eben nicht Voraussetzung, sondern das Ergebnis der Glaubens*tat*. Gott führt den Menschen an einen Punkt, an dem es heißt: Du sollst nicht überlegen, du sollst loslassen, springen. Das zu können, ist Gnade. Sie aber kommt in der Gestalt der Freiheit des Menschen. Der „Sprung“ wird keinem abgenommen, man muß ihn selber tun. Und dies ohne die Garantie, nicht jämmerlich zu ertrinken.
Dabei gibt es aber auch solche, die in ihr angebliches Nichtkönnen, mit dem sie ihr Nicht-Tun entschuldigen, geradezu verliebt sind, sich sogar darauf etwas einbilden. Und es hört sich ja auch so viel besser an, bedauernd zu erklären, man sei nun einmal ein Skeptiker, als zu sagen, man sei gläubig. Wobei es selbstverständlich auch dafür Gründe geben kann, daß jemand, der zu glauben willens wäre, es nicht in der Form fertigbringt, die im normalen Alltag Glauben genannt wird. Ob und wie weit solche Gründe immer auch subjektiv zulässig wären, ist wieder eine zweite Frage, die im übrigen nicht einmal der Betreffende selbst zu beantworten vermöchte. Und schon gar nicht könnten es andere für ihn. Denn wer will es wissen, ob ihm nicht Hindernisse im Weg standen, die er beim besten Willen nicht überwinden konnte, die ihm eine Klippe blieben, Gott zu suchen? Wenn er ihn aber suchte, ihn zu

finden? Und zwar so, daß er ihn gleich oder später in der vollen Gestalt christlicher Religion gefunden hätte? Daß er auch ein wenig Verständnis hätte für das, was mit Weihnachten gemeint ist? Aber wie schwer ist es damit!
„Es fällt nicht leicht, einen solchen (Weihnachtsbrief) zu schreiben. Wenigstens nicht, wenn man es ernst nimmt, was man sagen – wollte. Denn dann ist es so schwer, wie eben das Leben selbst. Und man kann dann eigentlich nur sagen, daß man sich so viel Geduld, Aushalten und Glaube für diese finstere Nacht wünscht, daß sie eine Weihnacht wird. Daß man zuversichtlich (wenn auch mit der Anstrengung, die dem Gewicht des Lebens entspricht) glaubt, daß schon immer Weihnachten geworden ist, dadurch daß der ewige Sinn der Wirklichkeit nicht mehr nur als glanzvolle Idee über den Realitäten schwebte, nicht mehr nur das war und ist, was und wie „es eigentlich gemeint war", sondern das in aller Wahrheit ist und bleibt, wie es wirklich *ist*. Und das ist geschehen in Jesus. Daß man sagen kann, wo und wann so etwas in aller Eindeutigkeit und Ernsthaftigkeit geschehen ist, das ist eigentlich das Unglaublichste an unserem Glauben. Aber wenn man das nicht sagen könnte, dann wäre die Konkretheit der Idee inmitten unserer wirklichen Wirklichkeit auch nur wieder eine – Idee, der man nicht trauen könnte, weil sie zu ideal über allem schwebte." (20. 12. 1959)
Es bleibt einem nicht erspart, ohne zwingende Gründe zu glauben, sich für Gott entscheiden zu müssen. Auch dann nicht, wenn so etwas wie „Gott" in ein menschliches System nicht hineinpaßt. Oder wenn einem die Wahrheit des Glaubens in einer Gestalt präsentiert wird, die einem zum Ärgernis wird. Oder weil man deren Konkretisierung überhaupt ablehnt. Oder weil man im Stehen zu dieser Wahrheit von aller Welt allein gelassen, zu den Gestrigen gezählt wird. Oder weil man sich schlicht und einfach für überfordert hält. ER hat sich vorbehalten zu bestimmen, ob und wie unser Glaube trägt: stark und unbekümmert, oder mühsam und gequält, als scheinbare und wirkliche Überforderung uns täglich abgerungen. Und selbst *so* trüge er uns. Und auch dann, wenn wir es

nicht wissen. Vorausgesetzt, man bleibt unter der Last der Überforderung guten Willens. Vorausgesetzt, man sucht ernsthaft nach der Wahrheit. Vorausgesetzt, man nimmt Gottes Gnade an. Nicht im Zwingen erobert Gott. Und selber wird er nicht erobert. Immer bleibt er Gnade. Er kann dem Menschen fern, aber auch nahe sein. Er kann der sein, nach dem der Mensch qualvoll suchend ausschaut, vielleicht ohne es zu wissen, daß er ihn bereits gefunden hat. Es gibt ein Augustinus-Wort, darin heißt es etwa: „Wer sich Gott nähert, dem ist Gott schon entgegengegangen." Und dem, der sich Gott scheinbar versagt, dem mag er besonders nahe sein.
Sehr eigenartig kann es übrigens mit Gottes Gnade zugehen: mal kommt sie wie der Blitz, mal wie der Dieb in der Nacht, mal geht es damit Hals über Kopf; ein anderes Mal Stück für Stück. Selten so, daß es dem Menschen sehr „behaglich" dabei zumute ist. Was Gnade bringt, ist ja nicht menschliche Wahrheit, sondern Wahrheit Gottes. Sie aber ist weder leicht noch bequem, noch immer tröstlich, ist sie doch etwas, auf das hin man lebt und stirbt, von dessen Schwere auch die „Frommen" nicht verschont bleiben.
Mit dem Frommsein kann es überhaupt seine eigene Bewandtnis haben. Es ist nicht schon darum da, weil man an Gott kein Ärgernis nimmt. Und es ist auch nicht schon deshalb dort gegeben, wo man vielleicht sehr überschwenglich für Gott begeistert ist. Aber wo man vielleicht rebelliert, störrisch ist, sich aber dennoch beugt, gerade dort mag es gegeben sein.
„Fromm" oder nicht fromm, „es wird uns nichts geschenkt. Wir wären hinterdrein auch nicht zufrieden, würde man uns etwas schenken. Wenn wir nur erst eine Sekunde vor dem Ende aufgeben, mehr braucht es nicht. Und dazu soll uns Gottes Geist helfen. Er hat versprochen, es zu tun. Wir merken oft nicht viel davon. Aber darauf kommt es auch nicht sehr an. Sie haben den starken Mut zu zahlen. Und solcher Mut besteht ja gerade darin, daß das Schwere dabei wirklich schwer empfunden wird, man sich also immer wirklich schwach und überbelastet vorkommt. Und immer nur an

Kraft den winzigen Vorrat für die nächste halbe Stunde in sich feststellen kann und darum immer von dem Eindruck gepeinigt wird: Bald geht es nicht mehr." (Pfingsten 1960)
Nicht mehr können, eben überfordert sein insofern, daß man nicht erreichte, was man „an sich" hätte erreichen sollen, aber nicht erreicht hat. Daß man mit sich nicht wirklich zur Ruhe kommt. Denn Gott läßt einem keine Ruhe, so daß man das Gefühl haben könnte oder haben dürfte, irgendwie „fertig", reif zu sein. Es gibt nicht den in diesem Sinn reifen, fertigen Menschen. Immer steht man vor Gottes Forderung, mehr aus sich zu machen, mehr zu „werden", als man hier und jetzt, im gegenwärtigen Augenblick ist.
Mehr aus sich machen – da könnte einem schon einmal „die Luft ausgehen". Es könnte einen so etwas wie Zorn überkommen, daß Gott so viel und immer wieder etwas Neues von einem will. Das läßt sich nur aushalten, wenn er einem die Liebe, in der das möglich ist, durch seinen Geist schenkt.
„Ich wünsche Ihnen, . . . daß Sie das bittere Leben in Geduld weitertragen. Daß dies auch für mich geschieht, ist ja, wenn ich es bedenke, etwas Ungeheuerliches. Denn ich habe doch eine gewisse Vorstellung von der Last, die Sie auch für mich tragen." (7. 7. 1963)
„Natürlich wird ‚man' immer älter. Und alles geht mühsamer. Und die Normalstimmung ist auch danach. . . . Da kann man nur sagen: in Gottes Namen. Und eben so weitermachen, wie es noch geht. Und einmal wird es ganz zu Ende sein. In Gottes Namen." (7. 2. 1983)

HAT DER MENSCH VON HEUTE RELIGION?

Die Frage, ob es Religion überhaupt oder noch oder gar immer geben müsse, diese Frage wäre nur vom Wesen des Menschen her zu beantworten. Von ihm behaupten die einen, Religion habe sich im Laufe der Zeit als ein Teil seines Wesens entwickelt und könne als solch ein hinzugekommener Teil auch wieder verschwinden. Andere dagegen sagen, Religion sei Stück dieses Menschen selbst, mache wie Sprache und Vernunft den Menschen erst zum Menschen.

In allen westlichen Sprachen – zum Teil auch den östlichen – bedient man sich der Bezeichnung „religio“, die also nicht das Christentum „erfand“, sondern die vom römischen Heidentum übernommen wurde. Und zwar in seiner ursprünglichen Bedeutung, die immer schon jene Bindung und Verpflichtung meinte, die der Mensch der Gottheit bzw. einer höheren Macht schuldet. Religio ist somit der Bezug des Menschen auf etwas über ihm Stehendes, ob dies nun höhere Macht genannt wird, Gottheit, Gott, das Unbedingte, das Absolute oder wie immer sonst. Uns heute geht es um den ganz abstrakten Bezug, nicht um das Wie, die Weise, in der solch ein Bezug heute, früher oder zu irgendeiner Zeit seinen Ausdruck fand. Auch nicht darum geht es, welche Formen er angenommen hatte. Formen, in denen der Mensch, bei all ihrer Buntheit, all ihrem sich Widersprechenden immer noch als geheime Wahrheit, als Bindung – religio = Bindung – an den eigentlich gemeinten Absoluten, seine Anerkenntnis, auf die es ankommt, leisten konnte. Und ob das nun in der Ur- und Vorgeschichte war, im Fetischismus, Polytheismus, in alter oder neuer Zeit, es brauchte dabei nicht ausgemacht zu sein, ob diese Anerkenntnis Gottes, einer Gottheit, einer höheren Macht, von dem, der sie leistete, als solche überhaupt gewußt und verstanden wurde.

Uns geht es um den Menschen von heute. Auf ihn wird gern

das Wort „Umbruch" angewandt. Und in der Tat ist dies mehr als nur ein Schlagwort. Es *hat* sich ein Umbruch im Menschen vollzogen. Was von außen auf ihn eindrängt, hat sein psychisches Leben in ein heilloses Durcheinander gebracht. Was ihm ein gesichertes Leben bringen sollte, beweist sich ihm nicht als Sicherheit, sondern hat sich in das Gegenteil verkehrt.

Und so wird er denn schon deshalb fragen, mehr und weiterfragen nach dem Wesen und Sinn seines Daseins. Nicht nur nach Wissenschaft und Technik. Nicht nur danach, wie sie ihm seinen Lebensstandard immer höher schrauben könnten. Nein, er wird nach dem Sinn seines *ganzen* Daseins fragen, dann nämlich, wenn diese Welt, die ihm dann und wann als so „wunderbar" erscheint, aufgehört hat, ihm noch wunderbar zu sein, wenn aus den „Wundern" Selbstverständlichkeit geworden ist. Und dann stellt sich ihm die Frage, was denn überhaupt der Sinn von „allem" sei? Denn diese Frage, die nach dem Sinn unseres *ganzen* Daseins fragt, die religiöse Frage, ist auf die Dauer nicht totzuschweigen. Die religiöse Anlage, dieses dem Menschen Wesenseigentümliche, ist nicht zerstörbar.

Um diese Anlage ausdrücklich nicht zu wissen, bedeutet nicht, sie nicht zu haben. Oft wird in uns etwas verschüttet – ob wir dabei bewußt oder unbewußt, wenig oder mehr nachhelfen, ist eine zweite Frage – durch Zeit und Umstände, über die wir keine Verfügung haben, so daß solcher Vorgang unserem alltäglichen Oberflächenbewußtsein entzogen bleibt. Der Mensch ist ja so vielschichtig angelegt. Es gelingt ihm nicht, in alle Schichten seines Daseins hinabzusteigen. Die tiefste dieser Schichten ist das „Gewissen", die oberste eben dieses alltägliche Oberflächenbewußtsein.

Es wurde schon gesagt, daß der Bezug auf Gott, *wie* also ein Mensch Gott anerkennt, in der verschiedensten Weise geschehen kann. Man braucht sich ja nur die Geschichte der Menschheit daraufhin anzusehen. – Nun heißt das allerdings nicht, daß es dem Belieben des einzelnen überlassen wäre, diese Anerkenntnis auf eine Art zu leisten, wie sie vielleicht gerade seinem persönlichen Geschmack entspricht. Als Christen sind wir der Überzeugung, daß die vollendete, von Gott beabsichtigte, gewissermaßen „ausgewachsene“ Form solcher Anerkenntnis das Christentum ist. Damit ist nicht gesagt, und es sei nochmals betont, daß die Anerkenntnis Gottes – religio also – auch in solchen Formen und Gestalten gegeben sein kann (immer freilich unter der Voraussetzung, daß man guten Willens ist), in denen wir Menschen sie fast nicht entdecken können. In einer fast namenlosen Weise, so daß der Betreffende gar nicht reflex erkennt, daß das, was er anerkennt, genau das ist, was der Christ meint, wenn er „Gott“ sagt. Gott, dem er sich in der geheimsten und ihm selbst fast verborgenen Tiefe seines Wesens gläubig anvertrauend übergibt, ohne es überhaupt genau zu wissen, in diesem letzten absoluten wie anonymen Vertrauen auf den Sinn und die Güte der Wirklichkeit.

Vielleicht steckt zum Beispiel schon in einer wirklichen sittlichen Tapferkeit oder Großmut – dort, wo solche Dinge mehr als Instinkt und Trieb und Gewohnheit sind –, in Taten also, in denen der Mensch von einem absoluten Anspruch über sich verfügt weiß *und* das bejaht, eine Anerkenntnis Gottes. Vielleicht ist so etwas im Kern auch schon dem gleichwertig, was wir Glauben im eigentlichen Sinn nennen. Vielleicht ist solches Glauben in einer unserer Reflexion unzugänglichen Tiefe schon mit jener Dynamik des Geistes auf Gott hin erfüllt, die wir die Gnade nennen.

Hat der Mensch von heute Religion? Wer auf diese Frage mit einem pessimistischen Nein antwortet, der sollte sich überlegen, daß Gott allen Menschen das gleiche Ziel gab. Oft freilich scheint es ihm nicht zu eilen, die einen läßt er langsamer, andere schneller an dieses Ziel gelangen. Dort sorgt er dafür, daß die religiöse Anlage, die er allen gab, sich schon hier und jetzt greifbar entfaltet. Dort gibt er offenbar nur den ersten Keim. Wenn wir einmal von der Schuld des sich ihm versagenden Menschen absehen – was wir wohl bei unabsehbar vielen Menschen tun dürfen, wenigstens was den einzelnen für sich angeht –, dann bringt er diesen Keim dann doch noch zur Reife. Aber nur er weiß, wann und wie.

Im Einzelaugenblick des einzelnen Daseins der einzelnen Menschen erwartet Gott offenbar nicht unbedingt, daß sie gerade in diesem Augenblick schon die vollendete Religion haben, hätte er doch sonst, so möchten wir glauben, ihnen die realen Möglichkeiten eindeutiger durch seine Vorsehung zur Verfügung gestellt. In diesem Sinne – so sehr grundsätzlich die eine und alles umfassende christliche Religion von ihm für alle gewollt ist – will er konkret vom einzelnen doch nichts anderes, als daß er jetzt dem Anruf des Gewissens gehorcht, den er gerade jetzt vernimmt. Gott mag für jeden seinen eigenen Anruf haben und nicht von jedem in jedem Augenblick dasselbe erwarten, so daß die religio in den verschiedensten Menschen die verschiedensten Grade der Entwicklung, der Deutlichkeit und reflexen Ausdrücklichkeit annehmen kann.

VOM DAHINSCHWINDEN CHRISTLICHER ÜBERZEUGUNG

Viele meinen, wo jemand sein Christentum aufgibt, zu dem er seine Jugend hindurch und vielleicht noch etliche Jahre danach treu gestanden hat, könne sich dies nur unter mehr oder weniger heftigen inneren Kämpfen abspielen. So kann es sein, häufiger ist es vielleicht anders: ohne Kämpfe, ohne Entscheidungen. Es ist damit wie mit einer Sammelleidenschaft. Über Jahre hat man zum Beispiel Briefmarken gesammelt, hat sie mit Freunden ausgetauscht, sich über jede neu gewonnene riesig gefreut. Und dann wurde das Interesse daran blasser und blasser, und eines Tages stellt man zur eigenen Verwunderung fest, daß man aus der Sammelleidenschaft herausgewachsen ist.

Ähnlich kann es sich mit dem Herauswachsen aus einer christlichen Glaubensüberzeugung abspielen. Man stellt eines Tages fest, es geht auch ohne Sonntagsmesse, ohne Sakramentenempfang, und zwar ohne daß es bei dieser Feststellung zu einer ausdrücklichen Glaubenskrise gekommen wäre. Ohne auch, daß man die frühere Haltung hätte abwerfen müssen, sie war einfach von einem abgefallen.

Natürlich passiert so etwas nicht von ungefähr. Die Umwelt hatte dazu beigetragen, Freunde, Bekanntschaften, die Medien, alles was einem von außen her zuwächst und irgendwie in einen eindringt. Das muß nichts mit Moral zu tun haben, auch zunächst nichts mit der Wahrheitsfrage, auch nichts mit einem intellektuell oder rational falschen Urteil, es ist vielmehr eine Frage unaufhaltsamer geistiger Beeinflussung. Von allen Seiten will man einem das Dasein als letztlich sinnlos einreden. Und das läuft nicht einfach an einem ab. Die über Jahre praktizierte christliche Haltung wird nach und nach „angefressen", man wechselt zu dem über, was „man" praktiziert und zu realisieren glaubt: die Sinnlosigkeit des Daseins.

Es hieße viel nachdenken, wollte man den Verfechtern der

Sinnlosigkeit ein wenig begreiflich machen, was es mit Gott, was es mit Christus ist; begreiflich machen, daß unser gewöhnliches, alltägliches Leben – richtig gesehen – eine wirkliche Christologie aus sich heraus entwickelt. Nicht, um es damit dem Christen leicht zu machen, mit dem Problem der Sinnlosigkeit fertigzuwerden. Gerade der Christ hat es damit schwer. Denn wer das Problem nichtchristlich, besser: antichristlich sieht, für den ist doch Sinnlosigkeit damit erklärt, daß er als Grund der Welt von vornherein Sinnlosigkeit, Widerspruch, Nichtigkeit annimmt. Für den Christen aber müßte Christus aus diesem Leben gleichsam heraussteigen. Von innen her, nicht von außen angeredet, müßte er in ihm sein: in seiner Sehnsucht, Einsamkeit, Freiheit, Schuld, Liebe, Verzweiflung, Glück, Schmerz, im Tod; Dinge, die jeder erfährt, und die in ihrem Wesen so klar erfahren werden müßten, daß einem so plötzlich aufginge, was es mit diesem Christus ist. Nicht, daß sich der konkrete Christus, Jesus von Nazareth, aus den Bedürfnissen, Fragen und Ausweglosigkeiten des Menschen herauszaubern ließe, nein, er kommt, ist immer schon gekommen als das Wunder, das Unwahrscheinliche, als der Unerwartete. Innen im Menschen ist er immer schon durch seine Gnade, könnte doch sonst keine noch so sublime, keine Botschaft von außen ihn uns bringen.
Und auch kein Nachdenken könnte ihn uns bringen. Es bleibt einem nur, sich Geduld und Ausdauer zu wünschen, das Eigentliche des Lebens: die Qual an Gott so zu bestehen, und wenn es sein muß, so zu erleiden, damit man das Leben christlich beendet, das man doch christlich angefangen hatte. Dabei helfe einem Gott bei der Unterscheidung der Geister, bei der Bewahrung der Selbständigkeit gegenüber dem, was ringsherum auf uns zukommt und in unseren Lebensraum eindringt. – Und wenn einem das Reden von der Sinnlosigkeit so sinnlos nicht erscheint, wenn man eher verzweifelt denn hofft, wenn einem die christliche Haltung verlorengegangen ist, dann gebe er einem Mut und Kraft und Zuversicht, sie jedesmal neu zurückzugewinnen.

VOM „HINTERHER“ BEI RELIGIÖSEN DISPUTEN

Es gibt Menschen, die für andere mehr Verantwortung empfinden als für sich selbst. Und darum sehen sie dann am klarsten, wenn sie sich um andere sorgen, ihre Einflußmöglichkeiten für sie erleben, es fertigbringen, sachlich schwierige Dispute mit ihnen zu führen, die darin aufgezeigten Grundsätze hochzuhalten, diese zu verteidigen, zu predigen, herzugeben, was sie herzugeben haben.

Sind aber dann die Dispute zu Ende, sind sie wie ausgeschöpft. Quälendste Leere, wo sie doch kurz vorher wie aus dem vollen geschöpft hatten. Als dummes, törichtes Geschwätz erscheint ihnen nachträglich Lüge und Heuchelei, was sie dem anderen gesagt hatten. Was sie für sich selbst gar nicht realisieren zu können meinen. Was sie aber doch voller Leidenschaft vorgetragen und vertreten hatten.

Solche Diskrepanz zwischen außen und innen sollte einen nicht beunruhigen, so quälend auch solcher Zustand sein kann. Mit Heuchelei oder dergleichen hat er nichts zu tun. In diesem Licht echter Sorge für den anderen wird ja die Richtigkeit dessen erkannt, wofür man eintritt; wird für diesen bejaht; bejaht auch für einen selbst. Das scheinbare Unvermögen, das Vorgetragene innerlich realisieren zu können, wäre ja gar keine Qual, hielte man nicht im Grund rational und intellektuell, ehrlich und unerbittlich an dem fest, was man darlegte. Und man weiß ja auch logisch nichts gegen die Dinge und Argumente zu sagen, die man dem anderen vorstellte.

Natürlich schließt das nicht aus, daß man hier und da nicht ganz durchsieht, sich mit dem Glauben und der kirchlichen Morallehre schwertut. Das aber ändert nichts an der Gesamtüberzeugung. Man darf sich vor solchen Erfahrungen nicht fürchten. Es sind die des Fegefeuers dieser Erde, in denen der Glaube erst zu seiner eigentlichen Gestalt kommt. Man täuscht darin keine Glaubenskraft vor, sondern kommt selbst immer mehr zu dem Glauben, der das täglich neue Wunder der Gnade ist. Was „angebliche" Sicherheit nach außen ist, ist die Spiegelung der inwendigsten und letzten Sicherheit, die Gottes ist, nicht die unserer eigenen Kraft.

Man sollte das Hinterher solcher Dispute gelassen hinnehmen, auch wenn einem das eigene Reden wie dummes Geschwätz vorkommt. Oder wenn man meint, nicht das rechte Echo gefunden zu haben, obwohl man doch das Gefühl hatte, wirklich etwas gegeben zu haben, wirklich ein Echo gefunden zu haben. „Es ist nicht so, daß man davon allein lebt. Aber wenn man so etwas findet, weiß man vielleicht gar nicht, wie sehr man doch davon lebt. . . . Und ich meine, Sie sollten es auch glauben, wenn man – zum Beispiel ich – Ihnen sagt, daß man Ihnen dankbar ist für Ihr Gebet, für vieles andere auch. Und es bleibt vermutlich dabei: Die Güte, die Sie suchen, wird eben doch nur in den Schmerzen und Qualen erlitten, die Sie durchmachen. Das ist leicht gesagt. Aber ich meine, es ist dennoch wahr. Wenn es auch schwer ist, diese Wahrheit anzunehmen und auszuhalten. Aber Sie tun es ja. Das ist die Hauptsache." (30. 11. 1961)

Vielleicht war ja auch alles Reden und Mühen um den anderen nur die Vorarbeit, die Bereitung des Bodens. Was der allerdings faktisch aufgenommen hat, wird man meist nicht übersehen können. Nur selten wird einem die Freude, da, wo man den Anfang setzte, auch das Ende zu erleben, zu erfahren, was der andere an- und aufgenommen hat.

Und dies: Man soll sich hinterher nicht zu sehr sorgen, ob man alles richtig gemacht und gesagt hat. Wirklich unrichtig und falsch ist nur, wenn man sich einer Aufgabe entzieht, zu der man sich berufen fühlt.

Freilich fängt auch echte Berufung nur zu oft mit viel Begeisterung an, um sich dann allmählich zu verflüchtigen. Dann nämlich, wenn Gott einem zeigen will, wieviel Menschliches dabei war. Das war nicht schlimm, gewiß nicht. Aber es gibt eben noch das Höhere und Schwerere, die Kraft der Liebe aus der Ohnmacht des eigenen Herzens.

WAS IST DAS GUTE?
WAS IST DAS BÖSE?

Warum nur sind dem Menschen so viele Rätsel aufgegeben? Aber vielleicht sollten wir ganz froh sein, daß es Dinge gibt, die über unser Begreifen gehen. Es wäre doch schrecklich, wenn wir geheimnislos unser plattes Leben leben müßten.

Dabei ist für den Christen die Frage nach dem Guten ja eigentlich nicht so problematisch. Das Gute, das schlechthin Gute, das unendlich Gute, das hinter allem Guten, das sein soll, ist und waltet, das als letzte Garantie in und hinter aller sittlichen Forderung steht, das nennt er: Gott.

Aber das Böse? Es gibt immer noch Leute, die behaupten, der Mensch sei von Herzen böse. Als Christ sollte man nicht an das absolut Böse glauben. Schon gar nicht daran, daß es eine Inkarnation eines solchen Bösen gibt, ohne damit natürlich die Macht des Bösen zu leugnen und alle sich daraus ergebenden Folgen.

Anderseits kann aber das Böse doch nur deshalb mächtig werden, weil in ihm auch das Gute ist, ohne das das wirklich Böse gar nicht sein könnte. Das Böse, Sünde, kann ja überhaupt nur sein, weil sie mehr und Besseres ist als eben Sündigkeit. Je tiefer und radikaler sie ist, umso kraftvoller muß in ihr sein, was auch im Bösen ist: das Gute, Tapferkeit zum Beispiel, Sich-schenken und -verschwenden, Mut zum Wagnis und was sonst immer in der Sünde sein muß, damit sie überhaupt ausgeführt werden kann. Bei all seiner möglichen Gräßlichkeit, der ausweglosen Verlorenheit, die das Böse schaffen kann, ist es doch im Grunde ein zu wenig Gutes, ein mit der Freiheit des Menschen verursachter Ausfall an Sein und Wirklichkeit. Man muß sich nur die Taten der Menschen ansehen, immer suchen sie in ihren bösen Taten *auch* das Gute, ob dieses nun in der Erfüllung einer Aufgabe, eines Auftrages besteht oder worin immer sonst.

So die Schuld des Menschen anzusehen, kann die Gefahr

heraufbeschwören, seine Bosheit nicht ernst genug zu nehmen. Aber darf man deshalb auch diese Seite des Bösen vergessen, wenn uns dadurch die vielen „Seiten“ des Problems noch mehr zu einer für uns undurchsichtigen Formel werden? Und sieht es manchmal nicht nur so aus, als ob das Böse da wäre? Es muß doch nicht schon bei jedem objektiv Sinnwidrigen, das gegen das Wesen des Menschen verstößt und worin objektiv Böses geschieht, wirklich und in jedem Fall subjektiv zu verantwortende Schuld vorliegen. Vieles scheint ja bloß frei getan zu werden, war aber doch tatsächlich ein dem Betreffenden auferlegtes Schicksal und kann darum auch kein subjektiv Böses begründen.

Und muß man nicht sagen, daß wir erst dann anfangen, Gott „Gott“ sein zu lassen, wenn wir ihn als *das* Gute anbeten, *obwohl* es das Böse gibt und obwohl wir es erst eigentlich erkennen, wie es ist, nämlich radikal böse, wenn wir an ihn glauben? So wie wir das Gute überhaupt erst als gut erkennen, wenn wir Gott als *das* Gute begreifen.

Und war so nicht auch die Situation Christi am Kreuz? Nicht von ungefähr sind wir gerade durch sie erlöst worden von dem, was wir nicht begreifen können: vom Bösen. – Gerade im Problem des Bösen bleibt Gott der Unbegreifliche, in ihm wird er zur schärfsten Unbegreiflichkeit. Wenn wir nicht sagen würden, das Böse gibt es, ER ist gut, ER hat das Böse nicht gewollt, obwohl es ist und ER allmächtig ist, wenn wir das nicht sagen würden, wäre doch alles harmlos. Wir wären hinter seine Unbegreiflichkeit gekommen.

Gebe er uns den unerschütterlichen Glauben, daß er in seiner Gnade und Liebe das Böse viel radikaler besiegt, als wir meinen, damit rechnen zu dürfen. – „Wirket euer Heil in Furcht und Zittern“, wir kommen daran nicht vorbei. Wir haben weder für uns noch andere Sicherheit, wir müssen ihm sein Geheimnis lassen. Wenn wir aber darauf verzichten, wissen zu wollen, was sein wird, dann schließt das doch nicht aus, so groß von seiner liebenden Erbarmung zu denken, daß wir für uns und alle Menschen auf Rettung hoffen dürfen, in dieser Hoffnung wider alle Hoffnung.

DIASPORA

Kirche in der Diaspora

Die Kirche ist in der Verteidigung. Es ist schon viel, wenn es ihr gelingt, noch nicht Verlorengegangenes – christliche Restbestände – zu halten. Wieweit aber gelingt es? Wie weit gelingt es der Kirche, sich den Heutigen verständlich zu machen? Wie weit hören diese noch hin? Vieles ist gegenüber den vergangenen Jahrhunderten anders geworden. Besser? Aus Feindschaft wurde Duldsamkeit, teils sogar Freundschaft. Nur fragt sich, ob deshalb, weil die Ansicht besteht, es gebe in der Kirche nichts mehr, was noch zu fürchten sei.

Wird in der Sprache des heutigen Menschen gesprochen? Und bleibt an sich auch das Alte immer neu, *gesagt* werden muß es trotzdem immer neu, immer entsprechend der jeweiligen geistigen Situation des Menschen, soll es bei diesem – ob nun gebildet oder ungebildet – ankommen. Soll auch heute noch an Himmel und Hölle, Auferstehung und Himmelfahrt geglaubt werden, verstanden werden, daß es dabei um keine überholten, veralteten Begriffe geht, die übersetzt werden müssen, soll man damit etwas anfangen können.

Kirche in der Diaspora, das heißt, daß mit einem anderen Maß gemessen werden muß als bisher. Daß nicht am Wesentlichen vorbeigeredet werden darf, auch wenn das schwerfällt. Weil es nämlich Mut verlangt. Persönlichen Mut, Verantwortung zu tragen mit einem ganz nüchternen sachlichen Verständnis für den Menschen der Gegenwart, der in einer Welt von Heiden lebt, einer Welt, in der (was nur zu gern übersehen wird, weil das leichter und einfacher ist), obwohl weder christlich und schon gar nicht kirchlich, trotzdem soziale, geistige, erzieherische und moralische Kräfte entwickelt werden, die nicht nur negativ und hoffnungslos sind.

Es ist schwer, in einer Umgebung zu leben, die praktisch eine dauernde Bedrohung des Glaubens bedeutet. Aber es gibt kein sich Ab- und Einkapseln, um so sich seinen eigenen Bezirk zu schaffen, *seine* Welt, in der man unangefochten leben könnte. So einen Bezirk gibt es nicht mehr, nirgendwo. – Würde nur bedacht, daß man nicht „allein“ auf der Welt ist. Daß dort, wo man spricht und schreibt, auch der Nichtchrist mithört und mitliest.

Auf einen Diasporachristen gehen mehrere von jenen Christen, bei denen Tradition und Herkommen, Brauch und Sitte im Grunde mehr bedeuten als persönlicher Glaube und selbstverantwortende Überzeugung; bei denen oft wenig an christlicher Gesinnung hinter zwar christlichen Attrappen zu finden ist.

Familiendiaspora

Diaspora kann schwer sein, Familiendiaspora aber ist sehr schwer. So viele quälende Fragen sind damit verbunden. Ängste, Schmerzen einer Mutter, wenn sie gewahr wird, daß die „anderen“ stärker sind; daß es zumindest so aussieht, als sei alles umsonst gewesen. Alles Sich-Bemühen, alle Tapferkeit. Man *ist* tapfer, obwohl man sich unglaublich elend und schwach fühlt – alle andere Tapferkeit wäre ja eine harmlose Sache –, man *hat* sich mühsam durchgeschlagen, *hat* unerhörte Bitterkeit in Kauf genommen. Spott, Ablehnung von denen, die einem nahestehen, die keineswegs immer so „vornehm“ sind, wie sie vorgeben, es zu sein.

Konflikte in der Kindererziehung, die man als Mutter oder Vater selbst in sie hineinträgt. Entfremdung als deren Folge. Hüben und drüben. Auf einer Seite aber bestimmt.

Zermürbende Einzelfragen. Der Sonntagsgottesdienst. Wann darauf bestehen, wann nachgeben, ohne von den Kindern mißverstanden zu werden? – Dabei ganz zu schweigen von dem, was zwischen den Eheleuten selbst unlösbar bleibt, worin man zu keiner Einigung kommen kann. – Und käme man bei der Einhaltung der religiösen „Pflichten“ den Kindern entgegen, hielte man sie nicht dazu an, was dann? Wer-

den nicht eines Tages diese Kinder kommen und Fragen stellen, auf die man keine Antwort weiß? Werden sie nicht sagen: „Vater hier, Mutter dort? Wer von beiden hat denn eigentlich recht?"
Und wäre der eine Elternteil indifferent, und wäre es ihm gleichgültig, ob er, ob überhaupt einer „recht" hätte, wie könnte dann der überzeugte Elternteil die Kinder glauben machen, daß eigentlich Indifferenz nicht sein dürfe, daß sie eigentlich nichts Gutes sei, daß aber Gott und Kirche etwas sehr Wichtiges seien? Welches heranwachsende Kind würde sich das von Vater oder Mutter erzählen lassen? Welches fragte nicht, ob es denn wirklich mit dieser Wichtigkeit stimme, da ihnen doch der oder die Nicht-daran-Glaubende als Vorbild hingestellt werde?
Und wie einem Kind klarmachen, daß das, was es als religiöses Ereignis erfahren soll – Erstkommunion, Firmung –, nie zum gemeinsamen Band innerhalb der Familie werden kann? Im Gegenteil. Denn zu je größerer Bedeutsamkeit es würde, umso schmerzlicher würde sich der daran nicht teilhabende Elternteil als ausgeschlossen fühlen.
Und doch, kämen diese Schwierigkeiten nicht, hätte man nach- und aufgegeben. Hätte assimiliert, hätte die unbequeme Forderung der eigenen Religion der Indifferenz des anderen Elternteils angepaßt; pflegt dieser doch ohnehin nicht von Religion zu sprechen und für sie etwas übrig zu haben. Religion wird ja für die Sache der Lebensuntüchtigen gehalten, „man" selbst hat ja nicht Religion, sondern Weltanschauung.
– „Ich möchte Ihnen nur nochmals auch durch diesen Brief danken für den gestrigen Anruf. Und Ihnen sagen, daß ich am Tod Ihres Mannes den Anteil nehme, den *Sie* dabei erwarten. Denn ich meine ungefähr zu wissen, wie Sie sich eine solche Anteilnahme denken und wie nicht. Wenn uns Lasten abgenommen werden, dann meist nur, weil neue auf uns warten. Und man weiß am Ende nie, welches die schwereren sind. Gott möge Ihnen helfen, die neuen zu tragen und in einem Sinn (der in der Ewigkeit Gottes verborgen ist) zu wandeln, wie Sie es mit den vergangenen getan haben. Worin solch neue

Lasten bestehen können, das brauche ich Ihnen nicht zu erklären. . . . Sie wissen, wie ich über die Menschen denke, die gestorben sind, ohne eigentlich dem Christentum oder der Kirche angehört zu haben (greifbar und amtlich). Und so meine ich, wollen wir Ihren toten Mann Gottes unbegreiflicher Gnade empfehlen. In dieser Hinsicht können Sie ja einen Menschen, der solch eine Bedeutung in Ihrem Leben gehabt hat, nicht einfach von sich gehen lassen, ohne betend zu hoffen, daß in der unermeßlichen Weite der Gnade Gottes auch das sich noch für ihn und für Sie in gerettetem Sinn wandelt, was so dunkel, schwer und undurchdringlich war." (16. 9. 1957)

Familiendiaspora – begrenzt ist, was dem, der daran trägt, an inneren und äußeren Kräften zur Verfügung steht. „Lassen Sie auch mit einer gewissen Gleichgültigkeit gegen das, was andere denken, auch das und jenes ungetan, was vielleicht jemand (auch Ihr Mann) *übertreibend und überfordernd von Ihnen erwartet.*" (5. 9. 1957) – Die doch immer nur begrenzten Kräfte dürfen nicht falsch eingesetzt, nicht überflüssig verbraucht werden, dann wären sie verschwendet und würden am richtigen Platz fehlen.

FREIHEIT UND PERSÖNLICHE VERANTWORTUNG

Es gibt in der christlichen Philosophie die psychologische Wahlfreiheit. Nur unter ihrer Voraussetzung läßt sich vernünftigerweise von Verantwortung überhaupt sprechen.
Diese Verantwortung charakterisiert das Verhältnis des Menschen zu Gott, der dem Menschen sein Wohl und Wehe in die Hand gelegt hat, damit er sich in freier Wahl entscheide. Diese Freiheit meint nicht allein, daß der Mensch nicht nur nicht von außen vergewaltigt und unter Druck gesetzt wird, sondern auch höchste Verantwortung gegenüber sich selbst trägt. Das freie Sich-entscheiden-Können gehört wesentlich zu dem, was wir die Würde des Menschen nennen; so daß alle Einengung dieser Freiheit durch Vergewaltigung und Zwang Mißachtung dieser Würde bedeutet. Und dies entsprechend dem Maße, in dem diese Einengung geübt würde.
Allerdings, wer kennt schon dieses Maß? Wer also wollte wissen, wo Selbstverantwortung anfängt, wo sie aufhört? Wer zum Beispiel war Nazi aus freier Entscheidung? Wer ehrlicherweise zugibt, es gewesen zu sein, wird allerlei Gründe, tausenderlei Umstände angeben, die ihn dazu geführt hätten. Gründe und Umstände auch in anderen Fällen, die so schwerwiegend sein können, daß es dem Betreffenden schlechterdings unmöglich ist, sich ihrem Einfluß zu entziehen. Doch wer will das beurteilen können? Nicht einmal für sich selbst weiß man es in jedem Fall. Gott allein kann beurteilen, wo und wann es sich um eine frei gefaßte Gewissensentscheidung handelt.
Das alles klingt sehr sophistisch. Aber so ist es eben bei Dingen, zu deren völliger Klärung uns die Möglichkeit vorenthalten ist. Und zu solchen Dingen, die im ganzen selbstverständlich sind und im einzelnen dunkel, gehört eben auch die Freiheit. Wie so manches andere läßt sie sich sehr gescheit wegdisputieren. Man kann sie ja nicht vorzeigen, so daß auch

der Dümmste sich davon überzeugen läßt. Es gibt eben Dinge, bei denen Scharfsinn und Gelehrsamkeit nicht klüger, sondern eher dümmer machen. So sehr gehört die Freiheit zur Grundverfassung des Menschen, daß sie – wie die Zeit, die Logik, das Wissen um das Sein und seine letzten Eigenschaften – immer das Selbstverständlichste und Unbegreifliche zugleich ist. Der Scharfsinn des Menschen sollte in den letzten Fragen nicht dadurch erklären wollen, daß er das Unbegreifliche wegerklärt, bis anscheinend alles klar ist, sondern er sollte das Unbegreifliche ertragen und durch Offenhalten der Begriffe den Mut im Daseinsvollzug des Menschen stärken, damit dieser sich, das heißt seine Freiheit, aushält, damit er sie annimmt, damit er sie tut. Und das alles, obwohl er nicht durchschaut, was Freiheit ist.

Freiheit, die absolut schöpferisch wäre, gibt es nicht. Auch bei echter Spontaneität liegen ihr doch immer innere und äußere Bedingungen voraus. Zwar können wir wählen, wir müssen sogar auswählend uns entscheiden, aber doch so, daß die Gegenstände dieser Auswahl nicht von uns ausgesucht, sondern uns ungefragt vorgegeben werden.

Die Fragen im Examen des Lebens werden gestellt. Wir antworten darauf, wie wir es *wollen,* aber die *Fragen,* die wir beantworten müssen, haben wir uns nicht selbst ausgesucht. Im Examen aber hängt vieles – nicht alles – auch davon ab, was und wie gefragt wird. Vorgegebene Möglichkeiten in der Auswahl, wie sie dem Menschen zufallen, und Entscheidung der Freiheit, die nochmals aussucht unter diesem zwar begrenzten, aber doch in etwa willkürlichen Angebot der Möglichkeiten, durchdringen sich unauflöslich zu diesem Einen und Ganzen, das wir das Leben des Menschen nennen. Man kann darum nie eindeutig sagen, was wir sind, weil man uns so „fragte", was wir wurden, weil wir so „geantwortet" haben. Und insofern es Zeiten und Verhältnisse sind, die uns fragen, und insoweit unsere Antwort ein Sichentscheiden für oder gegen Gott bedeutet, wird im großen und ganzen gesehen die Antwort meist so ausfallen, wie gefragt wurde.

Ein Beispiel, das die Sache klarer macht: das Mittelalter. Die

Frage? Die Zeiten und Verhältnisse also? Natürlich: christliche, kirchliche, Staat, Kultur, Wirtschaft, Gesellschaft, Familie, einzelner, alles und jeder war christlich, kirchlich. Und weil eben die Frage „so“ war – ausschließlich „so“ –, darum konnte auch die Antwort nur sein, wie sie eben war: Man war Christ, weil jeder Mensch es war. Man war selbstverständlich kirchlich. Überlegt man sich aber, was Wahlfreiheit bedeutet, daß Wählen- und Sich-entscheiden-Können und -Müssen überhaupt erst Verantwortung bedeutet, dann wird man zu dem Schluß kommen, daß die scheinbar *so* christliche Zeit vielleicht gar nicht so christlich war.
Hatte nun aber der mittelalterliche Mensch gar keine Wahlfreiheit? Er hatte sie, er konnte zwischen Gutem und Bösem frei wählen. Er konnte die Ehe heilig halten oder eben das Gegenteil usw. Er hatte insofern Möglichkeiten, zwischen denen er wählen konnte. Er hatte auch die Wahl, ob er Christ sein wollte oder nicht. Er mochte ja vielleicht in der verschwiegenen Tiefe seines Gewissens ungläubig sein. Und da und dort gab es ja auch Ketzer, die aber meist schnell gefaßt wurden.
Unter diesen Einschränkungen kann man aber schon sagen, daß es für das mittelalterliche Christsein die Qual der Wahl nicht gegeben hat. Das Christliche war so allbeherrschend in der Sphäre des Wählens, daß es kaum zu den Gegenständen einer Wahl werden konnte. Das Christentum gehörte eher zu den Voraussetzungen als zu den Gegenständen der Freiheitsentscheidung dieses Daseins.
Und ist man nicht auch heute vielfach noch Christ, weil „man“ das eben ist? Ein Unterschied zwischen der von vielen so unchristlich genannten Zeit und der allerchristlichen damals? – Unchristlich, christlich, allerchristlich, diese Bezeichnungen setzen voraus, daß es die christliche Zeit überhaupt gibt. Sie aber gibt es nicht. Und dies so wenig, wie man von einer Zeit als *der* unchristlichen sprechen kann.
Natürlich kann eine Zeit insofern christlich sein, als sie christliche Grundsätze als *ihre* Grundsätze vertritt. Umgekehrt entsprechend also auch unchristlich. – Die Kirche? Sie gilt als der

Ort, wo christliche Grundsätze vertreten werden. Ob das immer der Fall war und ist, ist eine zweite Frage. Die Kirche des Mittelalters jedenfalls war faktisch die Trägerin aller Kultur. Ja, sie war praktisch omnipotent, was im übrigen kein eigentliches theologisches Faktum darstellte, sondern einfach im Kultur-Geschichtlichen begründet lag. (Wobei es auch andere Religionen gab, denen solch glückliches Mittelalter beschieden war. Nur mit dem Unterschied, daß sie daraus nicht so stark wie das Christentum hervorgegangen sind.)

Zu sehen ist, daß die mittelalterliche Form der Kirche ihrer eigentlichen Aufgabe und Sendung nicht entsprach. Es braucht hier nicht erörtert zu werden, ob es sehr einsichtig ist, vom Mittelalter als dem „dunklen" zu sprechen. Ob es überhaupt je in der Geschichte einen Ort gegeben hat, wo Kultur und Wissenschaft einen solchen Aufstieg erfahren haben wie seinerzeit in der mittelalterlichen Kirche. Denn was geschaffen wurde, wurde in ihrem Geist geschaffen: von Baumeistern, Malern, Mystikern. Genannt seien nur Dante, Thomas von Aquin. In den Klöstern war es, wo man Handschriften kopierte, wo man den Wald rodete, das Land urbar machte, schon damals Musterwirtschaften einrichtete.

Dabei sollen Sturheit und Rückständigkeit, die es auch gab, nicht bestritten werden. Wäre zum Beispiel Galilei bei seiner Naturwissenschaft geblieben, und hätte er die Theologie Theologie sein lassen, hätte es diesen „Fall" nicht zu geben brauchen. Solche und ähnliche Torheiten wären für die Kirche entschieden peinlich, dürfte sie nicht denen, die mit dem Finger darauf zeigen, entgegnen, daß es dieselben sturen und rückständigen Leute waren, die nicht nur Kunst- und Kulturgüter schaffen ließen, sondern denen zum großen Teil deren Erhaltung zu verdanken ist. Solange die Kirche auf einen beschränkten Kultur- und Geschichtskreis abgegrenzt war und Widerspruch ihr nur von außen kommen konnte; solange Widerspruch ihr nicht von innen her wurde; solange die europäische Weltexpansion aus der Kirche nicht eine Welt-Kirche machte, und Spaltung und Entchristlichung von innen her kamen, solange blieb sie der unbestrittene „Hort" alles

Christlichen, das als christlich nur gelten konnte, insofern es in ihrem Schoß geworden war, mit nur eben diesen Grundsätzen, wie sie von ihr gutgeheißen wurden.
Grundsätze als die allein gültigen – wollten sie christliche Grundsätze sein? Darauf ist zu sagen, daß es zwar christliche Grundsätze gibt: in der Kultur, Wirtschaft, Technik, im Staat, daß es aber anderseits wohl wenig Konkretes gibt, das den Anspruch erheben könnte, *allein* und ausschließlich *die* christliche Realisation solcher Grundsätze zu sein, die sich allein als *die* einzig richtigen aus der Lehre des Christentums ableiten ließen.
Bestenfalls kann etwas *eine,* nie aber *die* Möglichkeit des Christlichen sein. Schon deshalb nicht, weil sich die Zeiten ändern, was aber nicht ausschließt, daß es Fälle geben kann, die dem Menschen in einer bestimmten Situation nur *eine* Möglichkeit christlichen Handelns lassen. Und das war eben im Mittelalter der Fall, und nicht nur vereinzelt, sondern mehr oder weniger immer.
Doch nicht darum war der Handlungsfreiheit damals so enger Raum gesetzt, weil die grundsätzlichen Prinzipien des Christentums enger waren als zu anderen Zeiten, sondern darum, weil die geschichtliche Situation diese Handlungsfreiheit beschnitt, so daß was geschah und wie es geschah, im Namen eben dieser geschichtlichen Situation geschah, nicht aber im Namen *des* Christlichen. Und dies auch dann nicht, wenn es in seinem Namen propagiert und so benannt wurde. (Etwas übrigens, was zu allen Zeiten der Fall sein kann, und wobei es zu keiner Zeit ausgeschlossen bleibt, daß dieses Christlich-Benannte oft sehr wenig christlich ist.)
Im selben Augenblick jedoch, wo es nicht nur eine, sondern mehrere Möglichkeiten gibt, wo der Freiheit des Menschen vieles möglich wird, was bisher nicht möglich gewesen ist, da hat er die Qual der Wahl. Zwar will er weiter christlich handeln, aber er stellt fest, daß er es auf mehr als nur eine Weise tun kann. Und weiter stellt er fest, daß ihn die Sicherheit christlicher Prinzipien als eindeutige Maxime, wie sie ihm von der Kirche verkündet werden, im Stich läßt. Denn diese

Prinzipien sagen ihm nicht, wie er *einzig* sich entscheiden muß, will er christlich leben. Sie lassen ihm im Gegenteil mehrere Möglichkeiten offen, in denen das Christliche verwirklicht werden kann. Oder doch könnte. Je mehr Möglichkeiten also, desto schwerer die Last der Verantwortung.

War im Mittelalter die Wahlfreiheit nur sehr begrenzt, ist heute diese Freiheit sehr groß. Sie zwingt uns zu einer bewußten und persönlichen Verantwortung, uns für oder gegen das Christentum zu entscheiden. Und das ist gut.

Das Christentum will ja nicht ererbt, sondern gewählt werden. Es ist nicht in erster Linie Gegenstand atmosphärischer Voraussetzung der Wahlfreiheit, es will frei angenommen sein. Das heißt jedoch nicht, daß es nichts Traditionelles, Institutionelles, Ererbtes, Brauchhaftes im konkreten Christentum geben darf. Es muß sogar solches geben. Weder ist es nötig noch wünschenswert, daß jeder wieder so anfängt, als hätten frühere Generationen, deren Erfahrungen, ihre in fester Sitte und selbstverständlicher Haltung sich konkretisierenden Errungenschaften der nächsten Generation nichts zu sagen, so als dürften sie nicht deren Entscheidung „vorspuren". – Christentum muß sich auch nicht unbedingt in einer Zeit unwohl fühlen, sie als „unchristlich" in jeder Hinsicht aburteilen, in der man dieses Christentum selber und sehr handgreiflich *„wählen"* muß, zumal ja erst in dieser Wahl der Mensch der Freie, für sein Geschick Verantwortliche wird, als der er von Gott bestimmt ist; dazu bestimmt, in *Freiheit* zu handeln.

Es gibt nämlich gar keine Einschränkung der Freiheit als solcher. Das von Gott gegebene Gesetz beschränkt deshalb die Freiheit nicht, weil es ja in seinem eigenen Wesen die Freiheit voraussetzt, sich an sie wendet. Weil es überhaupt nur seine Erfüllung findet, wenn es in Freiheit getan wird. – Verkündet aber die Kirche eine Einschränkung des Freiheits*raumes* in Dingen, die als nicht zulässig von vornherein für den Christen ausscheiden, worin ihm keine Wahl gelassen ist, weil sie mit Gottes Gesetz in Widerspruch stehen, dann tut sie dies als Sachwalterin Gottes, und zwar verpflichtend für jeden, der sie als die von Gott legitimierte Autorität anerkennt.

Sie tut es aber, sollte es jedoch nicht auf eine Weise tun, die dem Gewissen des einzelnen Zwang auferlegt, ihn in seinem eigenen Bereich durch Zwang vergewaltigt. – Was ist überhaupt Zwang? Jeder Eingriff in das Leben eines anderen ist letztlich Zwang. Und doch ist es unvermeidlich, jemandem irgendwo und irgendwann Zwang anzutun. Ist aber solchem Zwang nicht immer auszuweichen, dann wäre nur zu fragen, wo und wann solcher Eingriff einem gewissensmäßig aufgezwungen ist. Mit dem oft sehr bequemen und summarischen Ablehnen von Zwang überhaupt könnte unter Umständen einem viel größeren Zwang unvermeidlich Raum gegeben werden: dem Zwang ungehemmter Triebe zum Beispiel, dem Zwang der vorhandenen Situation, da man sie nicht umzugestalten sucht, so daß man auf diese Weise ebenso verantwortlich wäre, als wenn man Zwang selber ausgeübt hätte.
Jeder beeinflußt den anderen. Es geht gar nicht anders. Alles „Gehenlassen“ ist auch eine Art des Einwirkens auf andere. Man kann nur fragen, ob man richtig beeinflußt. Denn soll es sittlich sein, muß es sachgemäß sein. Und solche Beeinflussung geht in vielen Fällen der Stellungnahme der Freiheit des anderen voraus. Die Frage kann nur sein, ob die Beeinflussung sachgemäß ist, ob es anderseits eine sittliche Pflicht ist, sich beeinflussen zu lassen.
Das Recht und die Pflicht zu sachgemäßer Beeinflussung nennt man *Autorität*. Die Pflicht, sich ebenso sachgemäß beeinflussen zu lassen, bedeutet die Pflicht zum Gehorsam gegenüber der Autorität. Daß es Autoritäten geben muß, darüber sind sich alle einig. Dabei ist selbstverständlich, daß die Kompetenz der einzelnen abgegrenzt werden muß, daß die eine oder andere ihren Bereich überschreitet, daß sie irren kann. „Autoritätsfromm“ ist aber nicht, wer sich in personaler Freiheit einer Autorität unterordnet. Freiheit ist nicht die Möglichkeit, machen zu können, was man möchte, sondern die Fähigkeit, personal selbstverantwortlich das zu tun, was von der Sache her gefordert wird. Die Autorität wendet sich an den frei zu erbringenden, vom Gewissen selbst befohlenen Gehorsam des Menschen. Ein anderer Gehorsam als der um des Gewissens willen hat kein Interesse.

Das Gewissen aber wendet sich an die Autorität. Es will ja nicht nur subjektiv überzeugt, sondern auch sachlich richtig informiert sein. Es will nicht nur tun, was ihm richtig dünkt, sondern was auch richtig *ist.*

Es kann also von einem *Recht* auf objektiv falsches Verhalten nicht gesprochen werden. Das ist bei der Kirche nicht anders. Und darum können ihre Gesetze, vorausgesetzt sie sind sachgemäß, nicht als die Verletzung oder Schmälerung eines genuinen Rechtes auf Freiheit betrachtet werden.

Wobei es natürlich Fälle gibt, in denen die Verhältnisse so kompliziert und unübersichtlich und vielseitig sind, daß man von den allgemeinen Normen der Kirche aus nur schwer zu einem klaren Urteil kommen kann. In denen auch ein Außenstehender – der Seelsorger zum Beispiel – nicht raten könnte. Das sind dann die Fälle, in denen man nach eigenem Wissen und Gewissen handeln soll. Und wäre das Urteil, zu dem man dabei käme, ein Fehlurteil – obgleich es in bester Absicht getroffen wurde –, dann ist es eben an Gott, den guten Willen und die rechte Absicht anzuerkennen.

RECHTFERTIGUNG GOTTES GEGENÜBER DEM LEID

Die ganze Menschheit, alle Menschen, die leiden – und leidet auf die eine oder andere Weise nicht jeder? –, schreien es geradezu heraus: „Rechtfertige dich gegenüber dem Leid!"
ER jedoch, obwohl er sich Vater nennen läßt, hält eine Rechtfertigung nicht für nötig. ER läßt in Unbekümmertheit die Menschen rätseln und raten: Warum so viel entsetzliches Leid? Es gibt sogenannte Erklärungen, die alles nur noch unerklärlicher machen. Es wird aus der Leiderfahrung ein Mittel zur Selbstentfaltung des Menschen, seiner Selbstverwirklichung gemacht, wobei doch das eigene Leid und das Leid anderer eher als ein Hindernis zu jeder Art von Weiterentwicklung erfahren wird. Auch jene, die wirklich hartes Leid erfahren, und dies in einer Weise, daß sie davon einfach niedergewalzt werden, gewinnen aus solchen Erfahrungen keine Erkenntnisse und Einsichten, die zu ihrer Vervollkommnung beitragen könnten.

Wer aber dennoch behauptet, Leid lasse den Menschen reifen und wachsen, der wäre doch zu fragen, wie es denn beim Kind sei? Reift es, wächst es am Leid, wenn es schreckliche Schmerzen aushalten muß? Oder wenn es mißgestaltet, verkrüppelt ist?

Auch so eine „Erklärung", die das Leid aufwerten möchte: Es wird daraus ein Erziehungsmittel gemacht, das dem Menschen helfen soll, zu Gott zu finden, so als ob der auf ein Erziehungsmittel angewiesen wäre. Das sind doch alles richtig gesehen nur Zeichen der Ratlosigkeit, die dem Leid eine positive Rolle zuschieben möchten, es auch als Mittel der Höherzüchtung des Menschen sinnvoll machen möchten, Versuche, die von vornherein scheitern müssen. Denn entweder *ist* der Sinn des Leids die Selbstentfaltung des Menschen, dann muß dieser Sinn auch für das Kind zutreffen, trifft es für dieses aber nicht zu, dann muß es Leid geben, das von dieser

Sicht her eben auch sinnlos sein kann. Und nicht nur von dieser Sicht her. Auch sonst gibt es in unzähligen Fällen Leid, das bei allem guten Willen, es christlich zu bestehen, zerstörerisch wirkt, einfach weil es den Menschen überfordert.

Wer als Christ glauben soll, daß es kein Leid gibt, das sinnlos ist, hat es besonders schwer. Denn wer als Christ im Leid eine Folge der Sünde sieht, um derentwegen Christus leiden mußte, dem stellt sich doch die Frage, ob denn das Leiden Christi zur Erlösung nicht ausgereicht habe, da der Mensch es durch sein Leid noch ergänzen müsse? Für Gott müsse es doch andere Möglichkeiten geben können als ausgerechnet das Leid. Und warum überhaupt Erlösung durch Leid? Warum, so fragt sich der Christ, hat Gott eine Welt geschaffen, in der gegen seinen Willen gehandelt werden kann? Denn um sich in Freiheit zu entscheiden, brauchte es das Böse nicht zu geben, der Mensch kann sich auch innerhalb des Guten frei entscheiden, seine Freiheit gebrauchen. Wenn Gott aber schon, so überlegt er weiter, das Böse in die von ihm geschaffene Welt hineingelassen hat (und dies unter Voraussicht all des Leids, das daraus entsteht), warum geht ER dann mit der Zuteilung seiner Hilfe – „wirksame Gnade" genannt – derart sparsam um, daß der Mensch unweigerlich in Schuld fällt, woraus dann wieder neues Leid für ihn entsteht? *Läßt* sich wirklich Gott als letzte Ursache für das in der Menschheitsgeschichte entstandene und entstehende Leid ausklammern? ER, Schöpfer dieser Welt, hat sie mit einer Gesetzlichkeit geschaffen, die unvermeidlich – ohne menschliche Schuld – zu Katastrophen vielfacher Art führt. Das sei Seine Sache nicht? Kann das jemand sagen, der eine Maschine mit gewissen Gefahrenmomenten konstruiert hat, von denen er *weiß*, voraussieht, daß die, welche damit umgehen, zu Schaden kommen? Fragen über Fragen, deren Beantwortung Gott dem Menschen schuldig bleibt.

Und so sagt ER uns auch nicht, ob das Leid – Elend, Hunger, Tod, Sterben – gar nicht der Skandal ist, den er für uns Menschen bedeutet. – Und ist denn überhaupt massenhaftes Sterben, Verhungern, Leiden ein größerer Skandal, als er dort gegeben ist, wo ein einzelner leidet? Liegt nicht im Leid als solchem der Skandal? Worin unterscheidet sich das Leid eines Kindes, das an Mißhandlungen stirbt, die ihm seine Eltern zufügten, vom Leid eines Kindes, das in Afrika stirbt? Im Blick auf Gott gibt es hier keinen grundsätzlichen Unterschied. Wer Gott bestehen läßt angesichts eines, ohne menschliche Schuld entstandenen schrecklichen Verkehrsunfalls; wer ihn bestehen läßt angesichts einer grausamen Kindesmißhandlung, der muß ihn auch bestehen lassen, wo massenweise gehungert, gelitten, gestorben wird. Wer im vereinzelt auftretenden Leid keinen „Skandal" erblickt und Christ sein kann, obwohl das Kind von seinen Eltern zu Tode geprügelt wird, der muß auch Christ sein können, wenn in Konzentrationslagern Millionen politisch „Andersgläubiger" oder Juden zugrunde gehen, oder wenn es in einem hungernden Land ein Massensterben gibt.

Noch so ein Versuch, das Leid aufzuwerten: Es wird als etwas angesehen, was einem den Eintritt in das sogenannte Ewige Leben verschafft. Wenn wirklich das Ewige Leben als Überwindung des Leids gedacht wird, dann liegt darin keine Rechtfertigung des Leids hier und jetzt. – Und was viele „Frommen" sagen, man brauche nur an Gottes Herrlichkeit, seine Liebe zu glauben, um sich in allem Leid als getröstet zu erfahren, sei doch seine Herrlichkeit von ewiger Dauer, während das Leid hier nur von kurzer Dauer sei, ist recht simpel gedacht. Denn leicht wird dabei vergessen, daß man das Leid hier in seiner ganzen *Realität* erfährt, dagegen Gottes Herrlichkeit und Liebe nur als eine Hoffnung. Solche Hoffnung aber läßt das hier und jetzt Erlittene nicht als nur vorläufig und darum letztlich harmlos empfinden. Das nur Erhoffte ist nicht das Gekostete, gekostet, ausgekostet, wird das Leid. Seine Herrlichkeit, seine Liebe, sein Erbarmen werden bloß im Glauben, in der Hoffnung festgehalten, sie sind einem nicht als sie selbst gegeben, und daher auch nach Wesen und Qualität ganz anders als die Weise, auf die einem das Leid gegeben ist: *in* seinem Sein.

Eine Forderung, die von Gott eine Rechtfertigung gegenüber

dem Leid verlangt, geht ins Leere. Und vielleicht sollte man sich auch davor hüten, Gott gewisse Eigenschaften zuzuschreiben, um daraus dann wieder Rückschlüsse auf die Welt hin zu ziehen in der Meinung, auf diese Weise ein positives Wissen über Gottes Verhältnis zur Welt neu in Erfahrung gebracht zu haben. So aber geschieht es bei denen, die erklären, Gott müsse „so und so" sein, und weil er „so" sei, darum müsse entsprechend auch sein Verhalten sein. Ein Gottesbegriff, den wir uns bilden, gibt nur her, was wir zuvor in ihn hineingetan haben. Wenn wir Gott von den für uns unauflöslichen Gegensätzen in der Welt her denken müssen, dann können wir zwar postulieren, daß diese Gegensätze in Gott und durch ihn versöhnt sind oder werden, wir können aber nicht das Prinzip erfassen, von dem aus diese Gegensätze sich von uns als versöhnt positiv einsehen lassen. Denn sonst müßten wir ja dieses Prinzip aus der Welt selbst gewinnen und es auf Gott übertragen. In der Welt ist dieses Prinzip aber nicht zu haben. Das Leid in seiner Unbegreiflichkeit ist ein Stück SEINER Unbegreiflichkeit. Es gibt für uns keine Lösung des Leidproblems. Wer meint, es auf diese oder jene Weise begriffen zu haben oder begreiflich machen zu können, hätte ihm ja damit den Charakter des „unbegreiflichen Kelches" genommen.

„Manchmal denke ich fast, das Christentum ist gerade die völlige Absenz einer Theorie und einer Deutung, also die reine Tatsache ohne jede Ideologie, und eben dies ist die Wahrheit. So scheint es wirklich zu sein: wenn man leidet und Gott – Gott, das unaussprechliche Geheimnis sein läßt, das wir nicht in unsere Theorien einfangen, wenn man sich über diese Leiden keine Theorie macht, sondern sie einfach annimmt (auch der Protest wäre eine Theorie, nämlich die, daß das ‚eigentlich' nicht sein *dürfe;* doch woher weiß man das?) und in der Annahme das Leiden für sinnvoll erklärt (auch wenn man nicht weiß, welcher Sinn darin sein solle und also keine Theorie der Sinnhaftigkeit des Leidens aufstellt) und in der Annahme des Leidens als sinnvoll Christus angenommen hat (weil er der absolute, aber uns unbegreifliche Sinn ist,

Gott genannt, der den Tod als sein Leben angenommen hat; das ist keine Theorie, weil sie nicht ausgedacht wird, sondern diese Wirklichkeit in der Geduld des ergebenen Leidens festgestellt wird), dann ist man doch ein Christ. Ein anonymer vielleicht. Aber dennoch einer. Und so meine ich, hätten wir doch eine Chance, solche Christen zu werden." (12. 4. 1959)
Wer nach einer Lösung des Leidproblems fragt, dem kann man nur sagen, sie könne nur darin liegen, das Leid als unlös-bar in Gottes Geheimnis hineinzugeben, und damit auf eine Rechtfertigung, die durchschaut, von vornherein zu verzichten. Die Frage nach dem Leid also als in sich unbeantwortbar stehenzulassen, und *so* das Problem zu lösen. Und: es anzunehmen. „Und so möge es denn erträglich bleiben, wenn es auch immer ‚unerträglich' ist." (29. 12. 1961)
„Gott möge Ihnen weiterhelfen, wie er es doch bisher getan hat. Wenn er nicht mehr zu geben scheint, daß man es gerade aushält, dann muß das das Höhere sein als das, was wir uns gern ausdenken und wünschen. Die Kraft kommt in der Schwachheit zur Vollendung." (16. 9. 1965)
Gott ist unser Vater. Wenn das aber wahr ist, dann muß mit Väterlichkeit, mit Gottes Liebe, Leid vereinbar sein können. Dann kann eine Rechtfertigung nur in Gottes Zusicherung liegen, daß Leid immer *das* Leid ist, für das ER sich wird verantworten müssen und auch verantworten wird.

GOTT ERHÖRT, WIE ES IHM GEFÄLLT

Zu beten kann oft als eine quälende Verpflichtung empfunden werden. Umso quälender, wenn man meint, nur bei einem bestimmten Maß von Gebeten werde einem das Erbetene gegeben, das man aber doch braucht, um mit sich und seinem Leben zurechtzukommen.

Wie aber dieses Maß von Gebeten herausfinden, das die Voraussetzung dafür wäre, erhört zu werden? – Und so absolviert man denn Vaterunser auf Vaterunser, bis man schließlich hofft, sein Soll erfüllt zu haben. Das aber ist kein Beten, ein Vaterunser an das andere zu setzen. Beten soll von einem fortführen, bei jedem Vaterunser aber spürt man immer mehr, daß man nicht von sich wegkommt, sondern bei sich landet. Beim Beten aber soll man auch vergessen, was man eigentlich tut. Man soll nicht versuchen, Beten auf seine Wirkung hin beurteilen zu wollen. Schwer ist das alles.

Es gibt Christen, vielleicht gar nicht so wenige, die sich vom Bittgebet nicht viel versprechen. Die sich auch dagegen wehren, das Eingeständnis zu machen, es allein nicht zu schaffen, mit sich und dem Leben fertig zu werden. Dabei müssen sie immer wieder erfahren, in Zwänge zu geraten, aus denen sie nicht herauszukommen vermögen. Da sie aber Gott nichts abbitten möchten, wollen sie auf seine Hilfe nicht angewiesen sein. Es verletzt sie in ihrem Stolz, ausdrücklich um etwas zu bitten.

Dabei vergessen diese Menschen offenbar, daß sie fast jeden Tag diesen oder jenen um irgend etwas bitten, um eine Gefälligkeit vielleicht, um einen Rat, womit doch ihre Hilfsbedürftigkeit letztlich offenbar wird. Wenn sie aber von menschlicher Hilfe mehr oder weniger abhängig sind und darin nichts finden, was ihren Stolz verletzt, warum verletzt es dann ihren Stolz, von Gott abhängig zu sein, auf Menschen mehr als auf ihn ihr Vertrauen zu setzen? Und wenn sie sich für ihr Bitten, das sie an Menschen richten, etwas versprechen, an Erhörung durch Menschen glauben, wieviel größer sollte ihr Glaube an Erhörung durch Gott sein, da er doch alles vermag, allmächtig ist, voller Güte und Zärtlichkeit?

Allerdings, das von Menschen Erbetene wird einem von diesen vielleicht sehr bald, unmittelbar und greifbar und sichtbar gegeben. Bei Gott kann das anders sein. Es kann Zeit, viel Zeit darüber hingehen, bis unser Gebet Erhörung findet. Und bleibt diese darum auch nicht aus, so kann sie doch auf andere Art – und eben weniger eilfertig – geschehen. Eben weil Gott die Dinge vielleicht ganz anders sieht als wir, und darum auch die Erhörung erfolgt, wie sie ihm gefällt, und wie er es für unser Bestes als richtig erachtet. Uns mag das zwar verborgen bleiben, schauen wir aber genauer hin – und vor allem mit Geduld und Vertrauen –, dann können wir, wenn auch nicht immer, aber doch das eine oder andere Mal feststellen, daß unser Gebet tatsächlich erhört wurde. Daß es nur der Schein ist, der trügt, wenn wir meinen, Gott höre nicht hin, übersehe unser Bitten und Flehen. Allein schon die Tatsache, *daß* wir flehen, dazu den Mut und die Zuversicht und den Glauben haben, zeigt doch, daß er es ist, der uns zum Beten anleitet. Der uns führt, auch wenn wir den Weg nicht überblicken können, auf den er uns bringt und mitnimmt.

Auch die Weise seiner Erhörung liegt gleichfalls in seiner Hand. Wer dies als schlaue Ausrede empfindet, der hätte nicht begriffen, was er ist, den wir „Gott" nennen. Der hätte auch nicht begriffen, was Gebet meint, wenn er der Ansicht ist, es habe letztlich keinen Sinn, zu beten und zu bitten. Nur darf man eben nicht eigen-sinnig darauf bestehen, ein bestimmtes Endliches – und wäre es auch noch so sinnvoll – zu erhalten, etwas, das *wir* uns ausgedacht haben, ohne doch zu wissen, ob auch er es für sinnvoll und für gut hält. Wer dagegen richtig betet, der gibt in Ehrlichkeit den eigenen Willen auf. Er gibt auch die Angst auf, nicht genug zu beten, ein bestimmtes Maß von Gebeten „erledigen" zu müssen. Er wird vernünftig und haushälterisch mit seinen Kräften umgehen, erkennen, daß mit weniger Kräfteverbrauch und Anspannung dasselbe erreicht wird: gut zu beten; nämlich zu Gott sich hinzubeten, und nicht zu sich selbst.

„Ich danke Ihnen wie immer und sehr im Ernst für alles Gebet. Mögen Sie mir Kraft erbitten, aus diesen wenigen Jahren, die noch bleiben, noch etwas herauszuholen, wenn es Gott also gefällt. Man weiß es ja nicht. Und am Ende sind und bleiben wir alle Bettler. Und das ist gut so. Wir sollen ja durch Gott allein reich werden. Ihn müssen wir annehmen. Und das kann man eben trotz allem am besten durch die Erfahrung seiner Armut, Schwäche und Not. Man muß einüben zu sterben. Sehen Sie, was schadet es, daß wir in dieser Erfahrung uns am nächsten kommen. Man kann sie dem anderen nicht abnehmen. Das ist oft schmerzlich. Und ich zweifle nicht daran, daß Sie – vielleicht ist es nur vorläufig – den schwereren Teil auferlegt erhalten haben. Aber auch darüber verfügt Gott und nicht wir. Und auch das will angenommen sein." (12. 4. 1959)

Wenn aber die Dinge oft schwer für einen sind, und die Unruhe groß ist, dann gilt es zu begreifen, daß vor Gott die Flamme der Unruhe in Gebet verwandelt, auch eine, ja die wichtigste Tat ist. Denn Gott sucht die Herzen, die äußeren Verwirklichungen doch nur, insofern sie das Material sind, das oft nützliche, aber nicht immer gegebene und nicht immer notwendige, an dem die Flamme der Unruhe brennt. Und wenn diese oft so heiß und schmerzend brennt, dann helfe einem Gott zu begreifen, daß darin ein heiliger Sinn gegeben sein kann.

GOTT IST (AUCH) MUTTER

„Gott ist Vater, noch mehr ist er Mutter“ (Papst Johannes Paul I.)

Seit den griechischen Anfängen der abendländischen Kultur fand der westliche Mensch seine primäre Daseinsorientierung am „Vater“-Symbol und der damit verbundenen Gottes-, Seins- und Menschenauffassung. Das Vatersymbol wurde zum bewußten oder unbewußten Symbol einer patriarchalen Wirklichkeitserfahrung und -deutung im Ganzen. Als einseitig patriarchal-männlich bestimmt, setzte der westliche Mensch „göttlich“ gleich mit männlich, was in der Folge eben auch ein patriarchales Menschenverständnis verstärkte, in dem das Mannsein als die Hochform des Menschseins angesehen wurde.

Insofern das griechische Denken in die christliche Theologie Eingang fand, wird verständlich, daß die Sprechweise von Theologie und Liturgie maskulin war (und ist), sexistisch, getrennt nach Geschlechtern. Daß als weitere Folge das Weibliche, konkretisiert in der Frau, in der patriarchalen religiösen Erfahrungswelt als Mensch nicht mehr vorkommt, da die gesamte Kultur von patriarchalischen Vorstellungsbildern und Symbolen bestimmt wird, beherrscht von Bildern eines männlichen Gottes (und einer männlichen Menschheit).

Das Bild von Gott als eines mächtigen Patriarchen im Himmel – in der religiösen Volkskunst ein gewaltiger Mann mit Bart – hat über Jahrtausende die Vorstellung von Millionen beherrscht. Dabei hat das soziale Milieu mitgewirkt, kommt es doch zu Bildern und Symbolen nie rein willkürlich. Das gilt umso mehr, als immer die Tendenz besteht, sich dem Gesamtbereich, in dem man lebt, sich der jeweiligen Zeit anzupassen, sich der Gesellschaft anzupassen, der man angehört. Und so übernimmt auch der einzelne für sich ausdrücklich oder unausdrücklich ihr Gottesbild, die Vorstellung eines Vaterherrn mit mächtigen Machtpositionen. Ist aber „Gott“ männlich, dann muß eben das Männliche Gott sein. Dann steht schon auf Grund seines Geschlechts der Mann Gott am nächsten. Dann ist Gott-Vater die Legitimation gesellschaftlich patriarchaler Strukturen, die vom himmlischen Vaterherrn Recht und Autorität für sich selbst herleiten.

Hervorgegangen aus einer männlich dominierten Gesellschaft, bekräftigen diese gesellschaftlichen Strukturen eine Gott-Sprache mit bildlichen Vorstellungen wie: Herr, König, Allmächtiger, Ewiger Vater, Friedensfürst, Bilder der geschlechtlichen Voreingenommenheit, für die eine patriarchalisch geprägte Kultur der Boden ist, dem sie entstammen und in dem sie sich verfestigt haben. Tief in dieser Kultur verwurzelt, zeugen sie von einer allzu langen ausschließlich von einem männlichen Horizont her konzipierten Theologie, die – weil nur von *einem* Geschlecht und aufgrund dessen Erfahrungen her entwickelt – keine ganze, keine umfassende Theologie sein kann. Die dies nur sein könnte, wenn das *gesamte* Volk Gottes zu ihrem Werden beitrüge. Und zwar so, daß sich jeder – Männer wie Frauen – mitgemeint fühlen dürfte; in der es keine Außenseiter gibt, in der sich Frauen mindestens einmal als Töchter Gottes, des Vaters, fühlen könnten, und nicht nur als Mutter seiner Söhne.

Der Satz: Gott ist auch Mutter – hinter Mutter steht das Weibliche, steht „Frau“ – erhält seine besondere Brisanz von der römischen Erklärung zur Frage der Zulassung der Frauen zum Priesteramt vom 15. Oktober 1976, in der der Frau von der Kirche das Priesteramt abgesprochen wird.

Frage nun: Wird die Kirche in ihre Verkündigung, Liturgie, Theologie, Predigt die Mutterbezeichnung Gottes einführen, wenn doch hinter Mutter die „Frau“, das Weibliche steht? Jesus nannte Gott seinen *Vater*. Wird die Kirche dies von der Herkunft Jesu her berücksichtigen, seine geschichtliche Situation berücksichtigen? Wird sie sich bereit finden, die Vaterbezeichnung dahingehend zu überprüfen, ob nur sie den Erfahrungen entspricht, die der Mensch in seinem Verhältnis gegenüber Gott macht? Wird sie bedenken, ob nicht eine Bezeichnung für Gott – analog – denkbar wäre, welche Erfahrungen ins Spiel bringen könnte, die über die mit Gott als Vater gemachten hinausgehen, indem sie eine andere, in der Vaterbezeichnung nicht angesprochene Seite am Wesen Gottes gleichsam zum Klingen, eine mehr mütterliche an Gott erfahrbar machen könnte? An Gottes Wesen Eigenschaften aufdeckt, die zwar zur Vateraussage nicht im Widerspruch stehen, diese aber erweitern, „Gott" *auch* mütterlich sein lassen, was für ein bestimmtes Verständnis Gottes gegenüber seinen Kindern als geistig personalen Geschöpfen charakteristisch und hilfreich sein könnte? So bei der Erfahrung z. B. von Einsamkeit, Verlassenheit, Angst, Schuld? Fragt sich die Kirche, ob die Gläubigen in ihrem Inneren von einer Mütterlichkeit Gottes vielleicht mehr getroffen, angerührt werden könnten als durch eine rein am Vater orientierte Theologie bzw. Verkündigung, durch die systematisch betriebene Überbetonung des väterlich-männlichen Aspekts am Wesen Gottes?

Damit aber wäre die Verkündigung zu fragen, warum sie die Aussage: „Gott ist Mutter" gleichsam unterschlägt? Aufgrund geschichtlich-kultureller Bedingtheiten? Aufgrund der Überzeugung, von Gott als Mutter und damit auch einem Weiblichsein zu sprechen, sei gegen eine Gott geschuldete Hochachtung? In dem Fall wäre es an der Verkündigung, zunächst einmal darzulegen, worin sich das Männlichsein vom Weiblichsein, das spezifisch Männliche vom spezifisch Weiblichen unterscheidet. Und zwar in dem inhaltlich deutlichen Unterschied der beiden Größen. Und da liegt die Schwierigkeit. Obwohl eine geschlechtsspezifische Verschiedenheit gegeben *ist,* läßt sie sich nicht genau bestimmen. Einfach, weil man nicht weiß, worin sie überhaupt besteht. Und auch wenn es im irdischen Bereich empirisch erfahrbar ist, daß ein Mann keine Frau, eine Frau kein Mann ist, handelt es sich dabei um unreduzierbare Eigenschaften des jeweiligen Geschlechts. Wer dem einen Eigenschaften zuschreibt, die es nach seiner Meinung vom anderen unterscheiden, muß beim genaueren Zusehen feststellen, daß auch das andere Geschlecht diese Eigenschaften hat, nur eben auf andere Weise. Man kann nur sagen, in jedem der beiden Geschlechter ist alles da, was zum Menschsein gehört, nur eben auf verschiedene Weise. Will man diese Verschiedenheit selber noch einmal inhaltlich bestimmen, gerät man entweder in eine Berufung auf inhaltliche Merkmale, die – wenn auch „anders" – beim anderen Geschlecht auch zu finden sind, oder man beruft sich auf physiologische Unterschiede, die es natürlich gibt, die aber für Aussagen über Gott von vornherein auszuschließen sind. Und weiß auch jeder, daß Mannsein und Frausein verschieden sind, scheitert letztlich jeder Versuch, dieses Wissen gegenständlich zu objektivieren.

Wie immer aber auch Gott erfahren wird, ob als Vater oder Mutter, es darf daraus keine Gott allein „angemessene" Erfahrung gemacht werden. Die eine Bezeichnung darf nicht zugunsten der anderen wegdiskutiert werden. Umgekehrt darf nicht für unangebracht erklärt werden, wenn die eine oder eben die andere den traditionellen Gottesvorstellungen anscheinend zuwiderläuft oder der traditionelle Verkündigungswille sich auf eine Offenbarung richtet, in der Gottes Herrlichkeit, sein Herrsein aufleuchtet, und darin eine Verkürzung gesehen würde, wenn der Mutterbezeichnung Raum gegeben würde. Wenn Gott für den Menschen da sein wollte und will, dann ist es an ihm, dem von ihm geschaffenen Menschen zu sein, was dieser braucht und was er sucht: Vater oder Mutter oder beides gleicherweise, gleichzeitig.

Allerdings ist es schwer vorstellbar, daß sich Vater und Mutter, und damit Männliches und Weibliches, gleichzeitig von Gott aussagen lassen könnten. Doch warum sollte Gott nicht in seiner unendlichen Seinsfülle beides gleichzeitig besitzen können? Das muß doch nicht deshalb verneint werden, weil es bei uns, in unserem menschlichen Bereich, nicht so sein könnte. Warum sollte er nicht in seiner Fülle, Lebendigkeit, Ursprünglichkeit dieses eigenartige, in keine Angaben materialer Art Übersetzbare von Mann und Frau in sich haben können? So daß alles, was man an einer Frau findet und erwartet, und alles, was man an einem Mann findet und erwartet, auch in Gott gegeben und von ihm erwartet werden können: Zärtlichkeit, das Bergende, das Gütige, das Nichtnachtragen usw.? Daß man sich in solchem Sinn Gott männlich und fraulich denken kann und darf, daran ist doch nicht zu zweifeln.

Anders freilich, wenn Gott in der kirchlichen Praxis als Mutter ausgesagt würde. Denn das hat eben seine Schwierigkeit in einer Kultur, in der die Mutter als das Sekundäre, das von einem anderen Abhängige, das Untergeordnete gilt, mit dem Attribut des „Nur"-Frauseins belegt ist, und wo daher „Mutter" nicht in einem gleichberechtigten und metaphysisch gleichsam gereinigten Sinn von Gott ausgesagt würde. Ja, wenn das Christentum in eine schon bestehende matriarchale Kultur einziehen würde, oder wenn die Kultur, in der es lebt, sich auf eine matriarchale hinentwickeln würde, *dann* bekäme die Aussage von Gott als Mutter Aktualität und Brisanz. Dem Christentum aber sind nun einmal keine matriarchalen Kulturen vorgegeben, deren Sprachhorizonten es sich anzupassen hätte. Faktisch ist für alle heutigen Kulturen die Vater-Aussage von Gott verständlich, auch wenn der Vaterbegriff zur Zeit allerlei Belastungen und Fragwürdigkeiten ausgesetzt ist.

Frauen werden sagen, daß wir auf eine für sie günstigere Kultur hinsteuern. Die Sprache könnte dabei eine Hilfe sein, indem sie die Gleichberechtigung der Geschlechter widerspiegelt. Und dies ohne Rücksicht auf den christlichen Normalverbraucher, dem *neue* Einsichten zu vermitteln, ihm und der Sache nur dienlich sein könnte.

Aber solange die christliche Sprache in Predigt, Katechese, Theologie, Liturgie nur oder doch bestimmend unter dem Gesichtspunkt der Opportunität gesehen wird, solange ängstlich gefragt wird: was wird „man" sagen, wenn Gott *auch* Mutter genannt wird, von ihm gar als Mann und Frau die Rede ist; solange man nicht mit überholten Rollenvorstellungen aufräumt, nicht begreifen *will,* daß diese nur den Interessen der Männer – auch den Männern in der Kirche – dienen, solange wird die Frau das Geschöpf zweiter Ordnung bleiben.

Gleich, ob das nun der von Gott gewollten Schöpfungsordnung entspricht oder nicht.
Solange auch wird die Kirche auf der Nichtzulassung der Frau zum Priesteramt bestehen mit der Begründung darauf, daß Christus ein Mann war, so als ob sich in der Männlichkeit Jesu Gott selber aussagte und damit die Männlichkeit Jesu eine heilsgeschichtliche Funktion hätte.
Hat sie eine solche? Die Voraussicht Gottes vorausgesetzt, wird man doch sagen müssen, daß Jesus eine solche Funktion nur unter geschichtlichen, kulturellen, gesellschaftlichen Bedingungen erfüllen konnte, die seiner Sendung und Aufgabe entgegenkamen, was aber zweifellos nicht der Fall gewesen wäre, wenn Jesus in einer patriarchalischen Gesellschaft als *Frau* aufgetreten wäre. Und daher wird man sagen müssen und können, daß unter *dieser* Voraussicht Gottes Jesu Mannsein zu sehen ist, insofern es die *damals* notwendige Bedingung der Möglichkeit einer Erfüllung seines Auftrags war, *ohne* eigentliche Heilsbedeutsamkeit.
Anderseits bedeutet auch das Mannsein Jesu, wie Mannsein überhaupt, eine Aussage Gottes. Nur bedeutet es darüber hinaus keine besondere *Selbst*aussage Gottes, insofern Gott diese Ähnlichkeit des Geschöpflichen mit sich selber noch einmal als seine eigene übernommen hätte.
Wäre es aber nicht eine Beschneidung der Freiheit Gottes, bestreiten zu wollen, er hätte sich nicht auch und ebenso gut in einer Frau aussagen können, wenn er es gewollt hätte? Daß er es nicht wollte, liegt, so wird man sagen dürfen, einfach in der der Inkarnation vorgegebenen geschichtlichen Situation. Eine Frau, die im Mannsein Jesu eine Herabminderung der Frau als solcher sieht, sollte bedenken, daß die letzte, die totale, umfassende Selbstaussage Gottes in dem *einen* über jede Zeit erhabenen Christus geschieht, der mit der gesamten erlösten und endgültig gewordenen Menschheit identisch ist.

CHRISTUS IST EIN MENSCH

Der Sohn Gottes ist Mensch geworden. Das Christentum ist Tat-sache. Gottes Tat. Es ist mehr als eine „Weltanschauung“, eine unverbindliche Meinung, deren es dann so viele gäbe, wie es Menschen gibt. Christentum ist die Wirklichkeit Gottes selbst, die auf keine Formel gebracht werden kann. Die mit all ihren Unübersehbarkeiten dort ist, wo gebetet, in der Kirche geglaubt, das Sakrament empfangen, die Ewigkeit als das Heil erwartet wird: im Glauben an Christus. Er will, daß wir – ihm glaubend – die Welt nur „durch ihn“ sehen, weil es die Welt „an sich“ ja gar nicht gibt.

Darum sollte der Christ vom Christentum auch nicht von einer Idee sprechen. Mit dem Christentum als einer Idee überzeugt man nicht. Mit ihr macht man die in vielem so grauenhafte Zeit nicht weniger grauenhaft.

Das Christentum ist Geschichte. Und zwar nicht nur vergangene, sondern gegenwärtige und zukünftige. Es ist ein Stück der Menschheit selbst. Es verbindet und umfaßt sie. Es stellt sie real dar. – Darin, in dieser geschichtlichen Wirklichkeit unterscheidet sich das Christentum von anderen Religionen. Nicht ohne weiteres darin, daß es „besser“ oder sittlicher wäre, oder der Vernunft des Menschen eher angepaßt. Wer es verstehen will, muß erst einmal umdenken. Er muß sich abgewöhnen, von der Welt her die Dinge erklären und bestimmen zu wollen. Das Christentum unternimmt ja gar nicht den Versuch, uns das Leben zu deuten, so daß wir es begreifen könnten. Daß wir den Menschen begreifen könnten. Christus ist ein Mensch. Dieser wird uns dadurch nicht begreiflicher. Aber vielleicht wird uns seine Unbegreiflichkeit erträglicher. Der Mensch mit allem, was in ihm ist, was ihm selber so fragwürdig, ein dunkles Geheimnis ist, ist durch die Menschwerdung Christi von Gott angenommen, und zwar in dieser nicht mehr rückgängig zu machenden Einheit des Menschengeschlechts mit Gott – durch Christus. In ihm haben sich die Möglichkeiten des Menschen erfüllt. Er hat sie verwirklicht.

Christus ist Beginn und Ausgangspunkt aller Rede über Gott und den Menschen. Was auch immer man sagen könnte, bleibt durch seine Person bestimmt. Durch sein Geheimnis, das darin liegt, daß er auf beiden Seiten der Grenze steht, die zwischen Gott und dem Menschen verläuft; daß er Mensch ist, mit menschlichem Leben, menschlicher Geschichte, menschlicher Natur. In diesem seinem Geheimnis ist alles menschliche Schicksal entworfen, hat darin, wie es unser Glaube sagt, seinen ursprünglichen Stand. Auch die lange, dunkle Geschichte unserer Schuld. Von uns aus schaffen wir es nicht, über unsere Schuld zurück in einen leuchtenden Anfang unserer eigenen Lebensgeschichte und schließlich der Geschichte unseres ganzen Geschlechts zu kommen. Er aber liegt noch vor diesen unüberschreitbaren Anfängen, blicken wir auf ihn, dann wissen wir, daß unser menschlicher Anfang doch gesegnet ist, daß über dem Ursprung unseres Menschseins das Licht und die Verheißung schweben. In ihn hinein und durch ihn ist unser tief belastetes menschliches Schicksal freigesprochen, erlöst. Er hat aus der Sünde, die das Ganze des Menschen in ein Nein zu Gott verwandelte, ein Ja, hat aus Unheil Heil gemacht, indem die eine Geschichte der Menschheit mit ihrem ganzen Heil und Unheil immer schon auf das Ereignis hin ausgerichtet war, in dem diese Geschichte zu Gottes eigener Geschichte geworden ist, Gott auch selber Mensch wurde, ohne jedoch aufzuhören, ER zu sein.

Und dies also ist in Jesus Christus geschehen. Und weil alle Geschichte immer schon diese geheime Entelechie hatte, Gott immer schon auf dieses Ziel hinblickte, darum hat Gott die Menschheit trotz der Sünde am Anfang geliebt. Darum hat er zu ihr durch die Propheten gesprochen, hat sie alle Zeiten hindurch nicht losgelassen in Voraussicht auf diesen göttlichen Höhepunkt der Geschichte. Was in ihr in aller geheimen Steuerung durch Gott immer schon der letzte tragende Grund gewesen ist, das erschien dann auch dem Menschen greifbar in Christus. In ihm hat sich Gott selbst endgültig mit seiner Welt solidarisch erklärt. Sollte dieser aber Rettung werden, konnte sie nur von einem kommen, der – naturgleich – ihr entstammte. Rettung, das heißt, eine Unheil in Heil verwandelnde Tat, die nur durch einen geschehen konnte, der aus dieser einen Menschheit hervorgegangen war. Und darum ist der Sohn Gottes Mensch geworden.

Dadurch, daß Gottes Sohn Mensch wurde, wurde das Endliche nicht nur in unendlicher Ferne des unnahbaren Kreises von Gottes eigenem Leben geschaffen, sondern er selber hat es zu sich genommen, in sich selbst hineingenommen und es sich damit gleichsam unmöglich gemacht, die Welt als Ganze endgültig zu verstoßen. In Christus hat er sie angenommen. Schon immer. Für immer. So sagt der Glaube.

Dabei dürfte es wohl kaum einen Menschen geben, der nicht dann und wann unter dem Nachlassen einer gewissen inneren Realisationsfähigkeit seines Glaubens litte. Aber er würde ja gar nicht daran leiden, wenn nicht eine letzte innere Schicht seiner Person unerbittlich und ehrlich an diesem Glauben festhielte, oder nicht unbeirrbar zu glauben sich bemühte. Und diese Schicht ist sowohl die persönlichste als auch die sachlich intellektuelle zugleich.

So schwer es auch sein mag, sich intellektuell glaubensmäßig nicht einfach in einen dumpfen Agnostizismus fallen zu lassen, *hat* man sich jedoch einmal für Christus entschieden, dann weiß man, daß eine andere positive Antwort, ein Sinn und Inhalt, für den zu leben es der Mühe wert wäre, sich nicht bietet, wenn man vor dieser inneren Realisationsohnmacht kapitulieren würde. Wenn man nicht an Christus glaubte, könnte man ohne einen geistigen Selbstmord nicht mehr in der verdrängten Ausweglosigkeit, in der versteckten Sinnlosigkeit leben.

Gewiß, man könnte es vielleicht. Man könnte sich in solche Sinnlosigkeit zurückfallen lassen. Man brächte es vielleicht sogar fertig. Aber man hätte – und könnte es sich auf die Dauer nicht verhehlen –, was man gewählt hatte: die Sinnlosigkeit.

Jene aber, die sagen, diese Sinnlosigkeit höre ja einmal auf, behaupten damit das einzig Sinnvolle und erhoffen, was sich in einer solchen Situation überhaupt noch erhoffen läßt. –

Doch woher haben die Bekenner der Sinnlosigkeit das Argument und den Mut zu einer solchen Behauptung mindestens dieser Sinnhaftigkeit, die am Ende des Sinnlosen stecke? Und wie erklären sie, daß wissend angefangen wurde, was doch einmal endet? Daß das Endende wissend über sich selbst hinausgreifen kann, indem es nämlich von seiner Endlichkeit selber weiß?

Dieser endliche Mensch – er ist beladen mit dem Kreuz Christi. Und er muß es tragen, ohne daß es ihm abgenommen werden könnte. Und dazu ein Kreuz, das so gar keinen sakralen Anstrich hat, wenn es dem Menschen begegnet. Es sieht nämlich genauso aus wie die Kreuze, an denen die Schächer dieser Welt angenagelt sind: Einsamkeit, Leid an sich selbst, innere Unsicherheit, Komplexe, Krebs, Erfolglosigkeit, all das, was zu diesem Menschsein gehört, und was Christus damit angenommen hat, daß er ein Mensch wurde. Daß er in diesen finsteren, unermeßlich langen Gang – dieses Mausloch der Endlichkeit – hineingeschlüpft ist, wo einem ist, als gerate man immer tiefer in eine dunkle Sackgasse. Wo man sich wie die Tiere in einen Winkel verkriechen möchte, wenn es zu Ende geht.

Uns bleibt nur, wenn wir in den Augenblicken oder langen Stunden gegen das eigene Menschsein protestieren möchten, wenn wir den Eindruck haben, sinnlos erwürgt zu werden, Gott um die Gnade zu bitten, an *Sein* Menschsein zu glauben. Zu glauben, daß das, was wir erleben, das erste Stück dessen ist, was er mit uns und an uns in sich erlebt hat. Zu glauben, daß es am Ende in die Freiheit hinaus geht, weil es so bei ihm war.

GOTT LIEBT DEN MENSCHEN

Diese Aussage ist oft schwer zu erkennen. Denn Liebe, die in Gott ihren Grund hat, läßt sich nicht mit menschlicher Liebe vergleichen. Sie läßt sich auch nicht mit Maßstäben messen, mit denen menschliche Liebe gemessen wird. Es lassen sich für diese Liebe auch keine Regeln aufstellen, Gott liebt ja keinen wie den anderen, sondern jeden auf besondere Weise. Darum lassen sich auch Erfahrungen seiner Liebe nicht anderen vermitteln, jeder muß sie selber machen. Und was er erfährt, muß er sammeln, geduldig aus dem Geröll scheinbar gegenteiliger Erfahrungen auswaschen, damit er sich in Augenblicken daran erinnern kann, wo er nichts von einer Liebe Gottes in seinem Dasein zu entdecken vermag; wo ihm nicht nur die Entsetzlichkeiten dieser Welt voll bewußt werden, sondern er auch erfahren muß, daß Gott gar nicht so in dieser Welt zu finden ist, als sei er ein Stück von ihr. Daß es sich auch mit der Nähe Gottes zum Menschen ganz anders verhält, als es ihm die Predigt beibringen möchte. Denn spricht sie ihm als „Beweis“ von Gottes Liebe von der „Selbstmitteilung“ Gottes an den Menschen, dann ist doch für ihn, den durchschnittlichen Christen, der theologisch völlig unwissend ist, dies ein Begriff, mit dem er nicht umzugehen weiß. Wird er jedoch aufgrund dieses Beweises, der für ihn nicht viel mehr als eine Vokabel ist, der Nähe Gottes versichert, wird ihm gesagt, Gott habe als Beweis seiner unendlichen Liebe für den Menschen sich diesem in der heiligmachenden Gnade als er selber geschenkt, werde ihm in solcher gnadenhaften Selbstschenkung absolut nahe, was soll er dann mit solchem „Beweis“ anfangen können?

Allerdings, heißt es gleichsam beruhigend, sei auch diese Nähe Gottes zum Menschen gegeben, so bedeute das noch nicht, daß sie auch ausdrücklich erfahren werde, erfahren werde Gott meist als der unendlich Ferne. Im übrigen handle es sich bei dieser Selbstmitteilung auch für den Theologen um ein absolutes Geheimnis, durchschaubar sei es auch für diesen nicht. Und so sei denn auch er nicht besser dran als der „normale“ Christ. Ist dies zwar richtig, so hat es doch der Theologe insofern leichter, als ihm die Geheimnishaftigkeit Gottes (geheimnishaft auch in seinem Verhalten zum Menschen) deutlicher bewußt ist als dem Durchschnitt der Christen, die oft meinen, wenn Gott den Menschen wirklich liebt, dann müsse das für diesen auch erfahrbar sein. Dabei wird vielfach die allerchristlichste Aufgabe übersehen, die gerade darin besteht, an Gott als die absolute Liebe, die absolute Sinnhaftigkeit zu glauben, *obwohl* man die von ihm geschaffene Welt als eine Welt der Lieblosigkeiten, der Absurditäten, des Widersinns erfährt.

Dem Christen fehlt der Verstehenshorizont für sublime Theologie. Anderseits ist er aber zu kritisch, um sich von verharmlosenden Reden über Gottes Liebe betören zu lassen. Und so kann die Verkündigung, die mit solchen Gegebenheiten rechnet, eigentlich nur immer wieder neu an seinen Glauben und seine Hoffnung appellieren. Nicht allerdings so, als ob sich aus ihnen zwingend notwendig der unbegreifliche Gott als der eben doch liebende erfahren ließe, sondern Glaube und Liebe als eine Art Vorschuß, der Gott gegeben wird, auch und obwohl man sich nicht recht vorstellen kann, wie er einmal wird eingelöst werden.

DIE LIEBE DES MENSCHEN ZU GOTT

Denkt man darüber für sich selber nach, kommt man eigentlich zu dem Schluß, solche Liebe sei mehr ein Postulat denn Wirklichkeit. Und es ist ja auch eine Schwierigkeit, uns Heutige von ihrer Liebe zu Gott zu überzeugen. Und dies auch dann, wenn die Verkündigung sagt, wer Gott lieben *wolle,* liebe ihn schon.

Und dabei spricht sie nicht einmal schlicht von lieben, vielmehr macht sie dem Christen eine Liebe „aus ganzem Herzen, aus seiner ganzen Seele, aus seinem ganzen Gemüt und aus allen seinen Kräften" zur Pflicht. – Allerdings, wer dieses Gebot von Kindesbeinen an kennt, der empfindet diese Forderung zum Ganzen vielleicht gar nicht so unmittelbar und deutlich, wie sie darin enthalten ist. Und die Predigt tut vielfach ja auch so, als habe es damit keine grundsätzliche Schwierigkeit.

Grundsätzlich freilich brauchte es auch nicht schwierig zu sein, Gott aus allen Kräften und mit ganzer Seele zu lieben. Die Dinge der Welt brauchten „an sich" solcher absoluten Gottesliebe nicht im Wege zu stehen. Denn sind auch sie von Gott geschaffen und gewollt, könnten sie ja so in die Liebe zu Gott hineingenommen werden, daß sie gewissermaßen das Material bilden, an dem sich die Liebe zu Gott vollzieht. Grundsätzlich – theoretisch – brauchte es nicht zu dem Konflikt zu kommen, sich für Gott *oder* die Welt entscheiden zu müssen, sondern im Gegenteil könnten sich beide zu ungestörter Harmonie bringen lassen, wie es einem die Predigt gern – unter Verweis auf diesen oder jenen Heiligen – einreden möchte.

Die Frage ist nur, hatten diese Heiligen schon bei ihrer „Aufgeschlossenheit" für das Diesseitige ein volles und echtes Verhältnis gegenüber Gott? Oder lebten sie vielleicht das Göttliche und das Weltliche nacheinander, eben nicht gleich-

zeitig? Waren sie schon heilig, als sie das Weltliche ursprünglich liebten, konnten sie dann, als sie es *waren,* das Weltliche immer noch mit derselben Ursprünglichkeit lieben?
Von der eigenen Erfahrung her wird man sagen müssen, daß immer dann, wenn man sich bemühte, „ganz" auf Gott hin zu leben, man das Gleiche nicht gegenüber der Welt tun konnte. Und wenn man sich umgekehrt den Dingen der Welt verschrieb, man nicht im selben Maße – ganz – bei Gott sein konnte. So wenn man z. B. durch seine Familie in besonderer Weise beansprucht wird, mindert sich unweigerlich das Interesse an Gott. Und so auch umgekehrt. Die Enge unseres Bewußtseins hat einfach nicht so viel Platz, um Gott und Welt gleichzeitig Raum geben zu können. Und braucht auch keines dieser beiden daraus verdrängt zu werden, so beschneiden sie sich doch gegenseitig den Raum, den sie jeweils darin einnehmen.
Und dem scheint ja auch die Kirche Rechnung zu tragen. Denn verkündet sie zwar die vollkommene Gottesliebe als das erste und größte Gebot, führt sie doch in ihrem Sündenkatalog an keiner Stelle als persönliche Schuld auf, wenn jemand diese Liebe aus allen Kräften und in jeder Tat seines Lebens nicht hat. Und das ist eigentlich selbstverständlich. Denn gäbe es wirklich diese Liebe „hier und jetzt" schon, brauchte nicht jeder dazu aufgerufen zu werden, sich darum zu bemühen, sie von Tag zu Tag mehr zu haben, Gott morgen mehr zu lieben, als er es heute tut.
Was aber diese oder jene Heiligen angeblich konnten, können die meisten eben nicht. Sie können nur immer wieder neu versuchen, das Liebesgebot auf höchst bescheidene Weise zu erfüllen, indem sie *Vertrauen* zu Gott zum Grundprinzip ihres Lebens machen. – Und so sollte man vielleicht das anspruchsvolle Wort „Liebe" durch Vertrauen ersetzen: Darin bestehe das erste und größte Gebot, sich vertrauend dem Geheimnis „Gott" vorbehaltlos zu übergeben, den nächsten Tag, den übernächsten und so fort bis ans Ende anzunehmen, auch wenn man schon bei dem Morgen nicht weiß, was man damit „annimmt".

LIEBET EINANDER!

Wie ist doch dem Menschen heute der Sinn für „Sippe“ verlorengegangen. Wer redet noch von Sippe, wie man es früher tat? Wo stellen sich Kinder noch, wie man es einmal für selbstverständlich hielt, in den Dienst der Eltern? Wo fühlen sich Eltern noch – aus diesem wirklichen Zusammengehörigkeitsgefühl der einen großen Familie – für die Kinder und Kindeskinder verantwortlich?
Ist es nicht eher so, daß gerade die, die sich von Geburts- und Rechts wegen nahestehen sollten, die spontan Zuneigung füreinander haben sollten, mit Erschrecken feststellen müssen, wie schwer es doch sein kann, durch guten Willen zu ersetzen und zu ergänzen, was man spontan nicht hat? So daß man dann erst eigentlich erkennt, was es um eine selbstverständlich gefühlte Zuneigung ist, welch besonderes Geschenk sie ist. Man meint ja so leicht, sie stamme aus dem Trieb allein. Freilich, er spielt mit, und als solch ein Anfang der eigentlichen Zuneigung ist das durchaus in Ordnung und von Gott gewollt. Nur reicht es auf die Dauer nicht aus. Schon gar nicht in einer Zeit wie heute, die das Leben in der Familie einer Belastung aussetzt, wie sie kaum größer sein könnte.
Liebet einander, wer schon einmal Liebe wirklich erfahren hat, der weiß um das Außergewöhnliche solcher Erfahrung, daß sie sich auch nicht ohne weiteres im Eltern-Kind-Verhältnis erwarten läßt. Vielleicht sollte man in seinen Erwartungen bescheidener sein, nicht *Liebe* erwarten, sondern ein dem anderen Gut-sein, mit der immer wieder angestrebten Bereitschaft, sich gegenseitig zu akzeptieren, sich auch in seinen Schwächen gelten zu lassen. Und gerade für die von der Verkündigung geforderte Nächsten*liebe* würde dies zutreffen. Denn was versteht man schon von der theologisch „nachgewiesenen“ Einheit von Gottes- und Nächstenliebe? Wobei so viel wohl jeder versteht, daß sich mit Gott nur in Frieden leben läßt, wenn man mit seinem „Nächsten“ (gleich, wo man

diesem begegnet: in der Sippe, auf dem Arbeitsplatz, in der Nachbarschaft, auf der Straße) in Frieden lebt, sich wenigstens um solchen Frieden bemüht.

Aber vielleicht versteht man noch mehr. Man hat eine Art Gespür für die Richtigkeit des Satzes: „Was ihr dem geringsten meiner Brüder tut, das habt ihr mir getan“, womit ja diese Einheit von Gottes- und Nächstenliebe gemeint ist. Wobei man dann und wann wohl solches Gespür hat: Wenn es einem gleichsam erlebnishaft geschieht, daß einen aus dem Antlitz eines elenden, armseligen, von Not heimgesuchten Bettlers, der am Straßenrande hockt, *der* Mensch schlechthin anblickt. Und ob man dann diesen Menschen als den absoluten Menschen – Christus – versteht oder nicht, so erfährt man doch als wahr, daß mit der „Annahme“ dieses „Geringsten“ (mag die Annahme auch nur aus einem Geldstück bestehen, das man in das einem entgegengestreckte Körbchen wirft) Christus angenommen wird.

„Liebe“ ist ein wahrhaft geheimnisvolles Wort. Es sollte nicht durch allzu häufigen Gebrauch abgenutzt werden. Was sich dahinter verbirgt, läßt sich weder durch Worte herbeirufen, noch läßt es sich überhaupt in Worte fassen. Was es aber *ist,* das kann unter sehr verschiedener Gestalt auftreten und geübt werden. Und hat man auch nicht wie Christus ursprünglich schon Liebe, so sollte man doch lernen, sie zu haben. Zu beseitigen, was einen vom anderen trennt, weniger auf dieses Trennende zu schauen, als vielmehr auf das, was einen mit ihm verbindet.

CHRISTLICHE HOFFNUNG

Die Hoffnung gehört zum Menschen. Denn wird auch mit dem Tod eine Grenze gesetzt, so hat sich doch die Menschheit nie mit dieser Grenze abgefunden. Der Mensch lebt auf Zukunft hin; nicht nur der Christ und Jenseitsgläubige, auch der Ungläubige und der Marxist. Denn mindestens innerweltlich hofft auch der Marxist. Er würde sich sonst nicht mit seinem ganzen Engagement für eine Daseinsverbesserung einsetzen, was er im Idealfall jedenfalls tut. Von seiner Hoffnung her muß er so handeln. Und diese Hoffnung liegt der Erreichung von Einzelzielen der Zukunft, ihrer nur bedingt gesehenen Gültigkeit, voraus, übersteigt diese auf Zukunft hin.

Natürlich ist das eine Grundentscheidung: Setzt man auf das Prinzip der Hoffnung und damit auf Endgültigkeit, genannt „ewiges Leben", oder aber auf die Absurdität des Todes, und so auf Vorläufigkeit. Vom Christen heißt es, er *habe* die Hoffnung auf ewiges Leben. Das läßt sich zwar leicht dahersagen, da es nie einfach klar ist, ob er sie als konkreter Christ wirklich hat, oder aber ob ihm diese behauptete Hoffnung nur über die Sinnlosigkeit des Daseins hinweghelfen soll, darüber, sich mit dem Hier und Jetzt allein zufriedengeben zu sollen.

Aber was ist überhaupt mit Hoffnung gemeint? Der Hoffende, so stellt man es sich vielfach vor, habe das Erhoffte in seiner grundsätzlichen Möglichkeit schon erkannt, und gehofft werde nur insofern, als sich wegen bestimmter Schwierigkeiten das Erhoffte nur schwer erreichen lasse. Damit aber wird das Erhoffte mit dem Geplanten verwechselt. Wer etwas plant, und unter bestimmten Voraussetzungen und unter Anwendung bestimmter Methoden das Geplante zu erreichen „hofft", der hofft nicht in dem hier gemeinten Sinn. Denn von „Hoffnung wider alle Hoffnung", von einer Hoffnung, *innerhalb* der das Erhoffte überhaupt nur gesehen werden kann, läßt sich dann nicht mehr reden. Denn man hat das Gemeinte mehr oder weniger zur Ausrechnung von Chancen gemacht,

Chancen, die auch der Hoffnungslose beim Erstreben eines noch denkbaren Zieles für sich errechnet. *Christliche* Hoffnung ist die vertrauende Liebe zum „Unmöglichen“, zu dem, was mit den vorgegebenen, dem Menschen zur Verfügung stehenden Möglichkeiten nicht zusammengebaut werden kann. Christlich gesehen heißt Hoffnung Erwartung des Geschenkten, dessen Geber selbst sich einem als unerreichbar entzieht. Christliche Hoffnung setzt sich unbefangen dem Einwand des „Unvernünftigen“ aus. Sie führt für sich nur an, daß sie das Angebot zu solcher Hoffnung als einer freien Tat als dauernd gegeben im Grunde des Daseins entdeckt hat; und daß dieses Angebot auch dann besteht, wenn es abgelehnt wird oder wenn jemand meint, es abzulehnen. Christliche Hoffnung erklärt, daß sie es sich nicht verbieten lasse, das Undenkbare zu denken, eben weil solches *im* Dasein gegeben ist, und nicht einzusehen sei, warum nicht auch darüber gesprochen werden dürfe. Denn schließlich redeten ja auch die davon, die solches Reden für sinnlos erklären, nur weil sie selber solchen Sinn für sich nicht herstellen oder nicht in ihre Verfügung bringen können.
Nochmals: Das Erhoffte ist nur innerhalb der Hoffnung gegeben. Jemand, der in die Fragwürdigkeit seiner Existenz hoffend hineinspringt, der kann die Zuversicht, die ihm dabei aufgeht, nicht wieder vor die Frage stellen: Habe ich die Zuversicht und hoffe *dann?* Wenn er nicht hoffte, würde er auch die Zuversicht nicht erlangen. *Indem* man hofft, geht einem die innere Berechtigung einer solchen Haltung auf. Es ist damit wie mit der Liebe oder auch dem Gebet. Gebet wie Liebe sind von außen betrachtet etwas sehr Fragwürdiges. Nur der Liebende, nur der, der betet, begreift, daß Liebe und Gebet sinnvoll sind. Und so ist auch Hoffnung auf Endgültigkeit etwas, das seine Glaubwürdigkeit in sich selber hat.
Es wird nicht immer leicht sein, schlicht zu sagen, was der Hoffende mit seiner Hoffnung wirklich meint. Denn es könnte sein, daß diese Hoffnung auf Endgültigkeit, ewiges Leben, auf einen absoluten Sinn, der nicht im Nichts untergeht, selber schon in der Kraft einer christlichen Gnade getroffen

wird, von der dann ausdrücklich, in christlichen Formulierungen, geredet wird. Formulierungen, die immer in der Gefahr stehen, die Schrecklichkeit des Todes zudecken zu wollen, und die damit leicht zu billigen Vertröstungen werden. Anderseits sollen Vertröstungen, da sie wirklich Trost sein *können,* nicht einfach als billige Sprüche abgetan werden. Auch die Bedrängnis, die die Erfahrung bedeutet, nicht über den Tod hinausblicken zu können, ist noch kein Urteil gegen die christliche Hoffnung auf ewiges Leben, die der Hoffende nicht nur für sich selber hat, sondern für alle Menschen.

Shirley du Boulay
Cicely Saunders
Ein Leben für Sterbende. 200 Seiten, Snolin
Das Buch enthält die lebendige Schilderung der Persönlichkeit Dr. Saunders, die ihr Leben den Sterbenden geweiht hat und zur Gründerin der modernen Hospiz-Bewegung und des St. Christopher's Hospice in London wurde. Aufgezeigt wird der abenteuerliche und mühsame Weg von der Entwicklung der Idee bis zur Reifung und nüchternen Verwirklichung. Heute kann die inzwischen Vielgeehrte auf ein Werk blicken, das in der ganzen Welt Wurzeln geschlagen hat und dank der Anerkennung durch die Institution der Schulmedizin ständig wächst.

Hans Rotter
Die Würde des Lebens
Fragen medizinischer Ethik. 120 Seiten, Snolin
In ethischer Hinsicht wirft die Entwicklung in der Medizin brennende Fragen auf, die neu gesehen und diskutiert werden müssen: Gentechnik, künstliche Befruchtung, Abtreibung, Organtransplantation, Tierexperimente, Fragen des Todeszeitpunkts, Sterbehilfe usw.
Der Moraltheologe versucht, Information, Orientierung und einen klaren Standpunkt zu vermitteln.

Leo Wallner
Einfach nachgedacht
128 Seiten, Snolin
Das Buch will zum Hinzu-, Weiter-, Durch-, Um- und Überdenken anstiften. Einladend und mit Charme sind die Gedanken vorgebracht, psychologisch einfühlend, ernst und heiter, mit tröstlichem Humor, überzeugend und lebensnah, erfrischend offen. Die Beiträge gehen in die Tiefe und wirken trotz ihrer Kürze nach, weil sie Qualität haben.
Zupackende Texte eines sprachmächtigen Jesuiten, geistige Lektüre für wache Christen!

Tyrolia-Verlag · Innsbruck–Wien